Elmar Altvater / Hans-Jürgen Bieling / Alex Demirović /
Heiner Flassbeck / Werner Goldschmidt /
Mehrdad Payandeh / Stefanie Wöhl

Die Rückkehr des Staates?

Nach der Finanzkrise

VSA: Verlag Hamburg

www.wiso.uni-hamburg.de/zoess

www.vsa-verlag.de

Bei den Beiträgen des vorliegenden Bandes handelt es sich um überarbeitete Vorträge einer Vorlesungsreihe, die unter dem Titel »Die Rückkehr des Staates? Politik, Staat und Gesellschaft nach der Finanzkrise« vom Zentrum für Ökonomische und Soziologische Studien – in Kooperation mit der Stipendiatengruppe HWP der Hans-Böckler-Stiftung und der Rosa-Luxemburg-Stiftung Hamburg – im Sommersemester 2009 am Fachbereich Sozialökonomie der Universität Hamburg veranstaltet wurde.

Wir bedanken uns für die Förderung des Projekes durch das Zentrum für Ökonomische und Soziologische Studien an der Universität Hamburg, die Stipendiatengruppe HWP der Hans-Böckler-Stiftung und die Rosa-Luxemburg-Stiftung Hamburg.

Koordination: Yasar Aydin
Redaktionelle Bearbeitung: Carmen Richard

Druck und Buchbindearbeiten: Idee, Satz & Druck, Hamburg
ISBN 978-3-89965-390-8

Inhalt

Elmar Altvater

Vom finanzgetriebenen zum staatsgetriebenen Kapitalismus

Die Tatsache, dass selbst der erzliberale George W. Bush als US-Präsident in Anbetracht der Finanzkrise anfing, Banken – die Inkarnation des Privaten innerhalb der kapitalistischen Gesellschaft – zu verstaatlichen, verdeutlicht, dass wir uns vor oder mitten in einem Paradigmenwechsel befinden. Denn die Idee, Banken nun in Staatshand zu übernehmen, fand nicht nur in den USA Anklang, sondern auch in vielen anderen Ländern, unter anderem auch in der Bundesrepublik Deutschland. Infolgedessen könnte man tatsächlich davon sprechen, dass sich der Kapitalismus in einem Übergang von einem finanzgetriebenen zu einem staatsgetriebenen Kapitalismus befindet. Man *könnte* davon sprechen, darf aber aus dieser Aussage keinesfalls darauf schließen, dass der Staat erst heute in die Regulation der kapitalistischen Gesellschaft eingreife und hineinkäme – der Staat war immer Teil des kapitalistischen Systems.

Der Kapitalismus ist seit seinen ersten Zuckungen, seit seiner Geburt staatsgetrieben. Ohne den Staat, ohne Politik, gäbe es Ökonomie nicht, ohne staatliche Regulation könnte der Markt überhaupt nicht funktionieren. Auch der liberale Nachtwächterstaat war immerhin noch Staat und selbst der liberalste Staat, wie er von Friedrich A. Hayek, dem Vertreter eines Ultra-Liberalismus imaginiert worden ist, wird als externe Macht gedacht, welche die Akteure in einer Marktwirtschaft veranlasst, genau das zu tun, was sie nach Marktgesetzen tun sollen, nämlich alle Regeln zu beachten. Tun sie das nicht, kommt die staatliche Autorität zur Geltung und zieht sie entsprechend zur Rechenschaft. Gerade bei den liberalsten Denkern wurde der Staat als ein autoritäres Monstrum mitgestaltet und nicht etwa ausgeschlossen.

Es darf auch nicht vergessen werden, dass auch in der marxistischen Theorie – marxistisch, weil ich jetzt nicht ein Marx-Zitat bringe, sondern eines von Friedrich Engels – der Staat immer ein »ideeller Gesamtkapitalist« gewesen ist. Er *muss* in die Ökonomie im Interesse des gesamten Kapitals eingreifen. Wenn die einzelnen Kapitalisten kein Interesse haben, weil es nicht profitabel ist, das zu tun, was für die Funktionsweise einer kapitalistischen Gesellschaft notwendig ist, beispielsweise Infrastruktur materieller und immaterieller Art bereitzustellen, kommt diese Aufgabe dann dem Staat zu. Infolgedessen kann man sagen, dass das, was der Staat heute tut, nämlich in die

Finanzkrise einzugreifen, um ihre schlimmsten Folgen vielleicht abwenden zu können, gar nichts Neues in der Geschichte des Kapitalismus ist.

Infolgedessen ist der Titel dieses Beitrages etwas missverständlich. Aber er ist gerechtfertigt. Denn der Kapitalismus wurde in den vergangenen vier Jahrzehnten, seit der »neoliberalen Konterrevolution« – so wurde dies von Milton Friedman in den 1970er Jahren ganz selbstbewusst bezeichnet –, mehr und mehr zu einem finanzgetriebenen Kapitalismus. Der Ex-Vorstandsvorsitzende der Deutschen Bank, Rolf Breuer, hat im Jahr 2000 in einem Interview in »Die Zeit« selbstbewusst getönt, die Finanzmärkte haben die Politik »ins Schlepptau genommen«, und dies sei auch gut so. Die Märkte sind in den 1970er Jahren liberalisiert worden und die Finanzmärkte mit einer gewissen zeitlichen Verzögerung ebenfalls. Anfang der 1990er Jahre waren die Finanzmärkte so frei wie niemals zuvor in der Geschichte des Kapitalismus. Nach dem Verschwinden des real existierenden Sozialismus erstreckte sich diese Freiheit auf den ganzen Globus. Damit wurde die Menschheit den Marktgesetzen unterworfen – so sehr, dass die Märkte das Sagen hatten und auch das Denken bestimmten. Jedenfalls das Denken von Margaret Thatcher, die in dieser Phase die Schlussfolgerung »there is no alternative« (TINA) zog – es gibt keine Alternative, wir sind am Ende der Geschichte angelangt, die Liberalisierung ist das A und O und wir wollen nichts anderes mehr haben.

Dazu gehörte auch die Deregulierung der Politik, die Abschaffung von Regeln, die zuvor auch Grenzen gesetzt haben: Grenzen sowohl im geografischen und politischen Sinne als auch Grenzen für das Verhalten der Akteure auf Märkten. Als Dreiklang kam zur Liberalisierung und Deregulierung die Privatisierung hinzu. Die Privatisierung beispielsweise von öffentlichen Gütern, also von Bildung, Gesundheits- und Altersversorgung. Auch die Bildung von zentralen Preisen in der Weltwirtschaft wurde privaten Akteuren überlassen: Bis zum Zusammenbruch des so genannten Bretton-Woods-Systems 1973, dem System fixierter Wechselkurse, wurden die Zinsen von den Zentralbanken festgelegt. Da die Währungsmärkte kontrolliert und die Wechselkurse fixiert waren, war es möglich, die Zinsen nationalstaatlich, durch Zentralbank und Regierung, festzulegen. Das war mit dem Zusammenbruch des Systems vorbei. Die Nationalstaaten und ihre Institutionen, die Zentralbanken, verloren die Zinssouveränität an private Akteure auf den Finanzmärkten, an die Banken und Fonds, an Versicherungen und große, transnationale Konzerne, die jetzt mit ihren Politiken des Angebots und der Nachfrage die Höhe der Zinsen im Wesentlichen bestimmten. Die Zentralbanken konnten die Zinsen damit nur noch in eine Richtung beeinflussen, nämlich nach oben, aber nicht mehr nach unten. Wenn sie die Zinsen senken wollten, etwa aus beschäftigungspolitischen Gründen, lösten sie damit eine Kapitalflucht aus, die dazu führte, dass die frei schwankenden Wechselkurse absackten. Mit der Abwertung kam die Inflation zurück, so dass dies negative Konsequenzen für eine nationale Ökonomie in dieser liberalisierten Weltwirtschaft gehabt hätte. Wenn es möglich war, wurde die Bildung der Wechselkurse in spekulativen Attacken beeinflusst, um einen manchmal nicht nur kleinen, sondern sehr großen Extra-Profit einzusacken.

Seit der Liberalisierung der globalen Finanzmärkte in den späten 1970er Jahren mussten nahezu alle Länder schwere Schulden- und Finanzkrisen durchmachen: die Schuldenkrise der »Dritten Welt« der 1980er Jahre; die Finanzkrise in den »Schwellenländern« von Mexiko 1994 über die asiatischen »Tiger-Länder« 1997 bis Argentinien 2001, die »New Economy«-Krise in den USA 2000 und schließlich die »subprime-crisis«, die die gegenwärtige schwere Finanz- und Wirtschaftskrise 2007 auslöste.

Privatisierung, Liberalisierung und Deregulierung führten also zur Fluktualisierung der Wechselkurse und der Zinsen, alles bewegte sich sehr viel schneller, die so genannte Volatilität wurde immer größer. Mit der Vergrößerung der Schwankungsamplitude und zunehmenden Schwankungshäufigkeit ergaben sich wunderbare Geschäfte für die Akteure auf den Finanzmärkten, zum Beispiel Arbitragegeschäfte, indem man Kapital von einem Ort zum anderen, oder aus einer Anlage in eine andere transferierte.

In der Krise stellt sich diese schöne Situation nun aber als eine für die Akteure problematische, ja gefährliche heraus. Sie müssen in der Finanzkrise feststellen, dass sie über keine Sicherheiten verfügen. Wenn die Finanzmarktakteure über keine Sicherheiten verfügen, bei ihren Partnern auf den Märkten auch keine Sicherheit vermuten können und davon ausgehen müssen, dass diese eventuell gar nicht in der Lage sind, die Verpflichtungen zu erfüllen, die sie eingegangen sind, dann hören sie auf, untereinander Geschäfte zu machen. Dann findet das Gegenteil von Spekulation statt, nämlich »hedgen«, weil die Akteure »Hecken« der Sicherheit aufbauen und ihr auszuleihendes Kapital zurücknehmen.

So erklärt es sich, dass 2008/09 das passiert ist, was wir bereits in der Krise 1929 erlebt haben: Das Kreditvolumen wird rapide und radikal reduziert, weil niemand mehr dem anderen vertraut und auf diese Weise auch keine Ausleihungen an Kreditnehmer in der so genannten realen Wirtschaft stattfinden. Es fehlt also das Kapital, das die Investoren zur Durchführung von Investitionen eigentlich benötigen. Unternehmen, die das Kapital benötigen, um Liquiditätsklemmen zu überbrücken, bekommen nichts mehr, weil durch die Spekulation auf liberalisierten Märkten eine allgemeine Situation der Unsicherheit entstanden ist.

Um dies etwas genauer zu begreifen, ist es sinnvoll, auf die Analogie der Computerwelt zurückzugreifen. Der Unterschied zwischen Hard- und Software ist bekannt, ebenso, was Software-Treiber der Hardware sind. Das Ganze kann übertragen werden auf die Ökonomie und man kann sagen, dass die Finanzmärkte gewissermaßen wie ein Treiber – daher auch finanz*getriebener* Kapitalismus – auf die Hardware wirken, den Akkumulationsprozess des industriellen Kapitals in der Wirtschaft. Das kann so lange gut gehen, wie der Treiber oder die Treibersoftware zu der Hardware passen und solange das System nicht zum Absturz gebracht wird.

Wir haben aber den Absturz des Systems erlebt und müssen die Frage stellen, wie dies zu erklären ist. Wieso hat das System nicht funktioniert, wie es von allen gedacht war? Dabei ist es notwendig, sich genauer anzusehen, wie die Finanzmärkte und auch die reale Ökonomie funktioniert haben und wie sich das Verhältnis zwischen den beiden entwickelt hat. Wir müssen das Verhältnis in Rechnung stellen, um nicht einen Fehler zu machen, der sehr häufig gemacht wird, nämlich die Finanzkrise nur als Ausdruck von Bewegungen innerhalb des Finanzsektors zu verstehen. Würden wir so argumentieren, werden wir überhaupt nichts verstehen. Wir würden nicht verstehen, dass eine Finanzkrise erst dann ausbrechen kann, wenn die real produzierten Einkommensflüsse des realen Sektors, des Akkumulations- und Produktionsprozesses, nicht mehr ausreichen, um die Forderungen, die im Finanzsektor generiert werden, bedienen zu können. Solange dies möglich ist, gibt es keine Finanzkrise. Sobald sie es aber nicht mehr können, bricht sie aus.

Die Tatsache, dass die realen Ströme nicht mehr ausreichen, kann an zweierlei liegen oder an beidem zugleich: *Erstens* an den zurückgehenden oder nicht mehr ausreichenden realen Überschüssen der Einkommensflüsse im realen Sektor und *zweitens* an Forderungen, die im Finanzsektor erzeugt werden und über alle Maße hinausgehen, wodurch sie die reale Wirtschaft total überfordern. Beides ist in den vergangenen Jahren geschehen.

Zur Entwicklung der Real-Ökonomie: Man kann empirisch feststellen, dass die Profitrate auf das eingesetzte Kapital in den vergangenen Jahren gesunken ist. Im internationalen Vergleich hat dies unter anderem Robert Brenner in seinen Veröffentlichungen über die Entwicklung der Weltwirtschaft seit dem Zweiten Weltkrieg dargestellt (Brenner 2003 und 2004). Auch wenn man sich die Publikationen der OECD anschaut, findet man Informationen über die Entwicklung der Profitrate, die uns zeigen, dass die Rate stagnierend oder in bestimmten Phasen sogar rückläufig ist. Dies hat damit zu tun, dass neue technologische Paradigmen entwickelt werden, die die Kapitalproduktivität zunächst senken und auf diese Weise die organische Kapitalzusammensetzung steigern, um es in der Terminologie von Karl Marx auszudrücken.

Kosteneinsparungen im Verlauf des Akkumulationsprozesses durch Produktivitätssteigerungen und Druck auf die Arbeitskosten wirken zunächst positiv auf die Profitrate. Doch Kosteneinsparungen können auch zustande kommen, weil Umweltschäden externalisiert werden. Sie machen sich wegen des irreversiblen Charakters jeder Produktion und Konsumtion unweigerlich bemerkbar und mindern die Rentabilität des Kapitals. Die »sozialen Kosten der Privatwirtschaft« (K. William Kapp 1958) provozieren sozialen und politischen Widerstand, weil sich die Lebensbedingungen der Menschen verschlechtern.

Wenn dieser Widerstand erfolgreich ist, hat er ökonomische Auswirkungen: Der Einsatz von konstantem Kapital zum Schutz der Umwelt steigt, die Bedienung der gleichzeitig ansteigenden finanziellen Forderungen wird schwieriger. James O'Connor (1988) hat dies vor mehr als zwei Jahrzehnten als »second contradiction« der kapitalistischen Akkumulation bezeichnet. Nicht nur der Gegensatz von Lohnarbeit und Kapital ist von Bedeutung für den Gang der Akkumulation, sondern auch das gesellschaftliche Naturverhältnis.

Die realen Überschüsse geraten also an jene Grenzen, die für alle Transformationsprozesse von Stoffen und Energien gelten. Im Kapitalismus erscheinen die Grenzen – formspezifisch – als Fall der Profitrate, durch den die Dynamik der Akkumulation zum Erliegen kommen kann. Dann ist die Krise unvermeidlich. Der Doppelcharakter der Produktionsprozesse hat zur Folge, dass die Krise zugleich eine Finanz- und Wirtschaftskrise und eine Umweltkrise, vor allem aber eine Energie- und Klimakrise ist.

Hinsichtlich der Entwicklung des Finanzsektors können wir genau das Gegenteil feststellen von dem, was in der realen Ökonomie passiert ist. Das Gegenteil heißt: Auf den liberalisierten und deregulierten Finanzmärkten herrscht globale Konkurrenz und deren Wirkung ist anders als die Wirkung der Konkurrenz auf normalen Gütermärkten. Auf den normalen Gütermärkten wird uns versprochen, dass die Preise der Güter nach unten gedrückt werden und die Qualität immer besser wird – die Konkurrenz hat hier eine positive Wirkung. Auf den Finanzmärkten hingegen konkurrieren Finanzplätze um liquides, Anlage suchendes Kapital, wollen attraktiv sein für diejenigen mit extrem hohem monetären Reichtum. Um die anzulocken, muss man ihnen hohe Renditen anbieten. Folglich konkurrieren die Finanzplätze einerseits mit stabiler Währung, die durch eine rigide, restriktive Geldpolitik, mit Hochzinspolitik herbeigeführt wird. Dies treibt alle Renditen weit nach oben, bis solch absurde Aussagen zustande kommen, wie jene vonm

Deutsche Bank-Chef Ackermann, dass 25% Rendite auf das Eigenkapital normal seien.

Da die Finanzmärkte in den vergangenen Jahrzehnten liberalisiert worden sind und Regeln kaum noch existieren, die die Märkte und die Subjekte, die auf ihnen das Sagen haben, in Schranken halten, können auf den Finanzmärkten (Finanz-)Innovationen realisiert werden, die zumindest zeitweise in der Lage sind, absurde Ackermann-Renditen realistisch erscheinen zu lassen.

Worin bestehen diese Innovationen? *Erstens* in der Verbriefung seit den 1990er Jahren. Banken geben nicht nur Kredite aus, sondern die Kredite werden gebündelt und über diese Bündel werden Papiere ausgeschrieben, die eine bestimme Rendite versprechen. Diese Papiere können auf den Finanzmärkten wie Schweinehälften, Kakaonüsse oder Joghurtbecher weltweit gehandelt werden. Auf diese Weise sind auch die Subprime-Kredite und die Papiere darüber zustande gekommen, die in der ganzen Welt gestreut worden sind. Alle haben sie gekauft, weil sie eine hohe Rendite versprochen haben. In der Krise ist es mit der hohen Rendite aber nichts mehr, denn eine Forderung, die nicht bedient wird, ist nichts mehr wert. Ein Papier, das keinen Einkommensfluss erbringt, ist nichts wert. Es muss abgewertet und abgeschrieben werden und manchmal bis zu 100%. Niemand will so etwas auch nur mit spitzen Fingern anrühren. Es handelt sich ja um »toxische Papiere«.

Der *zweite* Schritt der Innovationen besteht darin, diese Briefe in speziellen Gesellschaften zu sammeln und sie so aus der Bilanz der Bank herauszuhalten, damit sie die Eigenkapitalvorschriften, die ihnen aufgrund des Baseler Abkommens vorgeschrieben sind, nicht mehr einhalten müssen. Das eigentlich der Sicherheit dienende Eigenkapital kann dann überzogen werden. Die Bank arbeitet also immer mehr mit Schulden und je höher diese sind, desto höher ist auch die Eigenkapitalrendite.

Die *dritte* Innovation besteht in der Verlagerung dieser Zweckgesellschaften in Offshore-Finanzzentren, um sie der Aufsicht zu entziehen. Verlagert werden sie somit in die »schwarzen Löcher der Weltwirtschaft«, nach Luxemburg, in die Schweiz oder – wenn das nicht ausreicht – auf die Bahamas, die Cayman-Inseln in der Karibik, die Kanalinseln in Großbritannien, nach Delaware oder Wyoming. Auch diese sind schwarze Löcher der Weltwirtschaft, obwohl es sich dabei um Bundesstaaten der führenden Weltmacht handelt. Wenn wir über Offshore-Finanzzentren reden, dürfen wir nicht vergessen, dass diese auch in hoch entwickelten, wohl regulierten, »anständigen« und auf keiner schwarzen Liste aufgeführten Ländern wie den USA und Großbritannien existieren. Es ist bekanntlich ein Geschäftsmodell, mit dem man viel Geld machen kann, also dehnt man es aus, indem man Fremdkapital zu relativ niedrigen Zinsen aufnimmt. Es muss aber jemand dazu bereit sein, den Billigen Jakob des Geldes zu spielen. Genau das hat Alan Greenspan nach dem 11. September 2001 getan: Die Zinsen sind gesenkt worden, so dass man relativ billig bei der Zentralbank leihen konnte. Man kauft mit dem Geld Papiere, bündelt sie und macht damit weitere Geschäfte. Die Eigenkapitalbasis wird mit Fremdkapital aufgeblasen, damit entsprechende Geschäfte und Gewinne gemacht werden können. Obwohl diese Gewinne mit einer großen Fremdkapitalbasis finanziert wurden, bezieht man sie auf die schmale Eigenkapitalbasis.

Das ist das Geheimnis, weshalb Ackermann 25% Rendite versprechen kann. Mikroökonomisch betrachtet ist das möglich. Es ist möglich, indem man mit dem Hebel des Fremdkapitals, mit dem »Leverage-Effekt«, souverän umgeht. So kommt die Absurdität zustande, dass diejenigen am erfolgreichsten wirtschaften, die sich am höchsten verschulden und mit dem geringsten Eigenkapital ihre Geschäfte unterlegen. Diejenigen also, die die Unsicherheit ihres Finanzinstituts steigern und dabei hohe Gewinne machen können, sind also die erfolgreichsten Banker oder Fondsmanager.

Dass das auf Dauer nicht gut gehen kann, ist einsichtig. Denn es entspricht nur der mikroökonomischen Logik, makroökonomisch ist das verheerend, darauf hat bereits der amerikanische Ökonom Nouriel Roubini (2009) aufmerksam gemacht: Das US-Bankensystem verfügt zusammengenommen über ein Eigenkapital von rund 1.400 Milliarden US-Dollar. Gleichzeitig verwaltet das System faule Wertpapiere in der Größenordnung von nominell über 2.000 Milliarden Dollar. Mit anderen Worten heißt das, dass das US-Bankensystem als Ganzes genommen de facto pleite ist. Dasselbe ist auch 1934 passiert. In Deutschland sieht in der gegenwärtigen Krise die Situation nicht anders aus. Das Eigenkapital der deutschen Banken zusammengenommen beträgt 360 Milliarden Euro, aber die Verpflichtungen, die diese Banken haben und die faulen Papiere, die die Banken in ihren Kellern haben, betragen über 1.000 Milliarden Euro. Auch hier ist gesamthaft gesehen das System pleite.

Finanzinnovationen führen also zu einer hohen Rendite, steigern aber auch in beträchtlichem Ausmaß die finanzielle Instabilität. Wir wissen seit John Maynard Keynes, dass die Finanzmärkte instabil sind und wir können in diesem Fall im Nachhinein auch sehr genau nachvollziehen, worin diese Instabilitäten bestehen.

Es gibt noch weitere Innovationen, die allesamt die finanzielle Instabilität unterminieren. Ein Instabilitätsfaktor ersten Ranges sind die Rating Agenturen. Denn sie haben die hybrid gebündelten Wertpapiere bewertet. Sie haben bei ihrem Rating in aller Regel die höchste Bewertung AAA vergeben, allein schlicht deshalb, weil die Unternehmen ansonsten eine andere Rating Agentur beauftragen würden. Die Agenturen haben deshalb ein Interesse daran, Papiere möglichst gut zu bewerten, auch wenn sie nichts wert sein sollten. Ihre Repräsentanten denken schon an den nächsten Folgeauftrag.

Manch einer im Finanzsektor wird sich denken, dass das doch nicht weiter tragisch sei. Man ist ja gegen den Zahlungsausfall versichert durch den Kauf von Credit Default Swaps (CDS). Damit, glauben sie, haben sie alles versichert, was sie an Ausleihungen besitzen. In einem Gesamtwert von ca. 62.000 Milliarden US-Dollar existieren solche Versicherungen – viel mehr als das Weltbruttosozialprodukt. Auch wenn man das saldiert und davon ausgehen kann, dass nicht alle Wertpapiere und Kreditverträge fallieren, bleibt noch immer ein Wert von ca. 12.000 Milliarden solcher höchst riskanten Credit Default Swaps bestehen. Wenn die in Anspruch genommen werden sollten, weil der Versicherungsfall eintritt, wären der große international tätige Versicherungskonzern »American International Group« (AIG) und andere Versicherer mit größter Sicherheit pleite.

Damit das nicht passiert, muss der Staat eingreifen – jedenfalls denkt man so. Damit das Ganze funktioniert, wurde dasselbe gemacht wie im real existierenden Sozialismus der 1960er Jahre mit dem »neuen ökonomischen System der Planung und Leitung der Volkswirtschaft« in der damaligen DDR: man führte die so genannte materielle Interessiertheit ein. Es existierte der Plan und das Gewinninteresse des Unternehmens, für das die Manager zuständig waren, aber damit sie es richtig machten, mussten sie materiell daran interessiert sein. Deswegen bekamen sie auch im real existierenden Sozialismus Boni und Prämien, die sich jedoch auf einem Peanut-Niveau befinden im Vergleich zu den Prämien und Boni unserer Finanzagenten. Diese haben die manchmal zweistelligen Millionen-Prämien kassiert, aber die Kosten, die daraus entstanden sind, die haben sie der Gesellschaft überlassen.

Im Finanzsektor hat es also einen Mechanismus von Finanzinnovationen gegeben, der zu einer Steigerung der Renditeansprüche geführt hat, während in der Realökonomie die Überschussproduktion geringer geworden ist oder bestenfalls stagnierte, so dass sich eine Spannung aufgebaut hat, die in dem Crash, dessen Zeuge wir gegenwärtig sind, eklatiert ist.

Jetzt kommt der Staat ins Spiel. Dabei kann er auf drei Wegen einzelne Banken, Fonds und Versicherungen aus der Krise »heraushauen« und das Bankensystem insgesamt vor dem *big crash* zu bewahren versuchen. Er kann *erstens* einen Schirm von Bürgschaften aufspannen, *zweitens* die Banken rekapitalisieren und sie *drittens* von den faulen Papieren befreien, indem er diese in eine »bad bank« übernimmt.

Zur *ersten Methode*: Der Bürgschaftsschirm – in Deutschland sind es 480 Milliarden Euro – soll die Sicherheit der Banken im Geschäftsverkehr durch eine Staatsgarantie erhöhen, damit im Interbankenmarkt wieder Vertrauen aufgebaut und wechselseitig Kapital geliehen wird und damit der Bankenmarkt als Basis für die Ausleihungen auch an Investoren der realen Ökonomie wieder in Gang kommt. Allerdings ist nicht ausgeschlossen, dass diese Bürgschaften in Anspruch genommen werden müssen. Dann wird diese Maßnahme, von der tröstend gesagt wird, sie koste nichts, für die Steuerzahler teuer.

Zur *zweiten Maßnahme*: Durch eine Re-Kapitalisierung wird den Banken Haftungskapital zugeführt, das zur Deckung von Verbindlichkeiten abgeflossen ist. Fließt zu viel Kapital ab, müssten die Anteilseigner nachschießen. Wenn sie dies unterlassen, weil sie entweder nicht über ausreichende Mittel verfügen oder »schlechtem Geld kein gutes Geld hinterherwerfen« oder schlicht das Unternehmen »absaufen« lassen wollen, müsste ein betroffenes Institut Insolvenz anmelden und möglicherweise schließen. Wenn einer Bank systemische Bedeutung beigemessen wird, kann die Re-Kapitalisierung nur durch den Staat vorgenommen werden. Dann wird der Staat zum Eigner, zu einer Art »ideellem Gesamtbankier« (in Analogie zu Friedrich Engels Charakterisierung des bürgerlichen Staates als eines »ideellen Gesamtkapitalisten«).

Diese Rolle des Kapitaleigners kann allerdings nicht so einfach gespielt werden, wie sie der ehemalige Finanzminister Peer Steinbrück interpretierte: Kapital wird in die Banken eingeschossen, aber es sei »nicht die Absicht des Staates, strategischen Einfluss auf den Bankensektor zu nehmen« (»Die Zeit« vom 16.10.2008). Der Staat *muss* Einfluss nehmen, und zwar einmal aus Gründen der Transparenz. Kapitalgeber stehen in der Verantwortung für die Geschäftspolitik des mit Staatsgeldern geretteten Instituts. Darüber hinaus ist der Staat (vertreten durch die demokratisch legitimierte Regierung) den Steuerzahlern rechenschaftspflichtig und kann sich schon aus demokratietheoretisch herzuleitenden Gründen nicht aus der Verantwortung ziehen. Und schließlich gebietet die Kapitalbeteiligung an den Banken auch die Übernahme von Verantwortung für die Kredit- und daher Investitionspolitik. Es wird immer betont, die Krise bereite nicht nur Elend, sondern biete auch Chancen. Hier ist die Chance, nämlich die Möglichkeit einer Investitionslenkung nach sozialen und ökologischen Kriterien.

Die *dritte* Form der staatlichen Stützung des maroden Bankensystems ist die offene und skrupellose Sozialisierung der Verluste in Gestalt der Übernahme »toxischer Papiere« in einer Zweckgesellschaft, in einer »bad bank«. Diese Idee wird dem Publikum mit dem Versprechen schmackhaft gemacht, dass sich ja nach dem Ende der Krise die billig übernommenen schlechten Papiere bei der Rückführung der Banken in Privatbesitz verwerten lassen. Es wird immer auf das Beispiel Schwedens zu Beginn der 1990er Jahre verwiesen, wobei unterschlagen wird, dass in der Geschichte der Finanzkrisen die Betreiber einer »bad bank« zumeist auf ihren giftigen Papieren sitzen geblieben sind. Das ist ja gerade der Grund, weshalb der Staat zu Hilfe gerufen wird. Aber es kommt sehr darauf an, wie die »bad bank« konstruiert wird.

Die eine Frage lautet, zu welchem Kurs die toxischen Papiere, für die es keinen Marktwert mehr gibt, zu übernehmen sind. Im Fall der HypoRealEstate war der Staat sehr kulant: Zu 1,39 Euro wurden die Anteilscheine vom Staat gekauft – gehandelt wurden sie an der Börse zuvor mit 1,14 Euro. Solche Großzügigkeit kommt allerdings nur Anteilseignern zugute, einem Hartz IV-Empfänger kann so etwas nicht passieren. Hier zeigt sich denn auch, dass nicht der Staat selbstbewusst in der Krise der Politik gegen die ökonomischen Interessen der Geldvermögensbesitzer auftritt, sondern eher der Staat durch die großen Akteure auf den Finanzmärkten in Dienst genommen wird. Dies wäre eine neue Form der Privatisierung des Öffentlichen; der Staat dient der Stabilisierung privater Eigentumsverhältnisse.

Die andere Frage ist, wie lange die toxischen Papiere übernommen werden, ob auf Dauer oder befristet. In Deutschland sollten sie ursprünglich nach sechs Monaten von den Banken wieder zurückgenommen werden. Das war für die Banken uninteressant, weil so die faulen Papiere nicht dauerhaft aus der Bilanz entfernt werden konnten. Daher wird die Forderung erhoben, sie so lange zu übernehmen, bis sie wieder auf dem Kapitalmarkt möglichst gewinnbringend abgestoßen werden können oder der Steuerzahler sie definitiv übernimmt.

Der Staat kommt deshalb ins Spiel, weil er die einzige Institution ist, die noch die Finanzflüsse zum Finanzsektor organisieren und garantieren kann. Die Finanzflüsse aus der Realwirtschaft zum Finanzsektor und innerhalb des Finanzsektors sind eingetrocknet oder abgeschottet worden. Qua seiner hoheitlichen Funktion als Steuerstaat wird der Staat nun wichtig. Die Neoliberalen, die den Steuerstaat mit einer Politik der Steuersenkungen demontieren wollten, merken jetzt, dass die Bankenrettung durch den Staat eine Notwendigkeit ist. Selbst der neoliberale Ökonom Hans-Werner Sinn spricht plötzlich von Staatsversagen, weil der Staat seiner Regulationsaufgabe nicht nachgekommen sei. Dabei muss aber angemerkt werden, dass das staatliche Nichtstun gerade der Erfolg der Neoliberalen war – der Staat hat immer genau das gemacht, was sie ihm empfohlen haben. Er sollte sich zurückziehen und möglichste keine Steuern mehr erhöhen. Die FDP hat dies zum Kernpunkt ihres Wahlprogramms gemacht und als Steuersenkung für ihre Klientel in der ersten Euphorie nach dem Wahlsieg durchgesetzt. Plötzlich aber soll der Staat Mittel zur Verfügung stellen, um die Banken zu retten. Diese absurden Widersprüche in der Denkweise der Neoliberalen sind allenfalls ideologiekritisch und in der poltischen Tagespropaganda interessant, theoretisch bringen sie nichts.

Dass der Staat als Steuerstaat auf einmal wichtig wird, hat natürlich auch Konsequenzen, beispielsweise für den europäischen Integrationsprozess. Die europäische Integration war immer in erster Linie eine »negative Integration« durch Deregulierung und Abbau des Staatseinflusses. Daher liegen die Steuereinnahmen der Europäischen Union bei etwa 0,9 bis 1% des BIP der EU. Damit kann man allenfalls Koordinierungsaufgaben übernehmen. Die fiskalischen Ausgaben auf der Basis der Steuereinnahmen werden von den Nationalstaaten übernommen. Der Nationalstaat wird in der Finanz- und Wirtschaftskrise nun als Interventionsstaat fiskalpolitisch aber außerordentlich wichtig. Wenn man sich die Daten anschaut, die von der OECD, der UNCTAD, dem IWF und auch von anderen zusammengetragen werden, dann sieht man, dass im März 2009 4,57% des BIP der Welt als Staatsausgaben zur Krisenbewältigung ausgegeben wurden. Das ist das Fünffache dessen, was der EU als ordentliche Einnahmen zur Verfügung steht. Sie kann also nur höchst begrenzt Politik gegen die Krise machen. Diese Aufgabe fällt an die nationalen Regierungen zurück. Diese verschulden sich dabei. Die Folge ist, dass die Krise des finanzgetriebenen Kapitalismus nun auch den staatsgetriebenen Kapitalismus ergreift.

Charles P. Kindleberger (1973), dessen Buch über die große Weltwirtschaftskrise der 1930er Jahre sehr bekannt geworden ist, hat einige Lehren gezogen, von denen die wichtigsten sind:

- In einer kapitalistischen Markt- und Geldwirtschaft muss die Zentralbank, zins- und fiskalpolitisch unterstützt vom Staat aktiv in den Wirtschaftskreislauf eingreifen. Das neoliberale laissez-faire, wie es auch vor der damaligen Krise Gültigkeit hatte, ist nicht mehr zeitgemäß. Der Staat wird innerhalb des Wirtschaftskreislaufs eine sehr wichtige Rolle spielen müssen, wenn dieser irgendwann wieder in Gang kommen soll.
- Der Staat muss eine Rolle als hegemoniale Macht innerhalb einer kapitalistischen Weltwirtschaft spielen. Das ist wichtig für die Bereitstellung der Währung, in der die Handels- und Finanzkontrakte erfüllt werden müssen. Gegenwärtig ist diese Aufgabe noch in keiner Weise bewältigt – das war 1933 auch so. Der Dollar wird auf Dauer nicht mehr (die einzige) Leitwährung sein können. Die Frage ist, ob die Auseinandersetzung um die Leitwährung aufgeschoben werden kann, ob sie in einen großen

Konflikt mündet oder ob eine Einigung durch Abkommen auf friedliche Weise erreicht werden kann.

- Kann der Staat als Steuerstaat und als fiskalisch wichtiger Interventionsstaat eine Politik der Vollbeschäftigung durchführen? Wie müsste – im Unterschied zu den 1930er Jahren – im ersten Jahrzehnt des 21. Jahrhunderts Vollbeschäftigung definiert sein? Könnte das Wachstum der Wirtschaft noch wie vor 80 Jahren einen Ausweg aus der Krise weisen, oder wird Wachstum neue Probleme provozieren: die Energie- und Klimakrise verschärfen, den Hunger in der Welt steigern, die Ungleichheiten vergrößern?

Diese Fragen mit Rückblick auf die Krise der 1930er Jahre sollen deutlich machen, dass die Situation heute tatsächlich dramatisch ist. Wir befinden uns tatsächlich an einer Art Zeitenwende. Der Kapitalismus, wie wir ihn kennen, ist in der Tat an einem Ende. Ob ein anderer Kapitalismus folgt oder eine »post-kapitalistische« Gesellschaft, vielleicht ein »Sozialismus des 21. Jahrhunderts« entsteht, wissen wir nicht. Es hängt aber von uns ab, welche Übergangsschritte in der grundsätzlichen Auseinandersetzung wir unternehmen.

Literatur

Altvater, Elmar (2010): Der große Krach. Oder die Jahrhundertkrise von Finanzen und Natur, Münster.

Altvater, Elmar (2009): Das Ende des Kapitalismus, wie wir ihn kennen. Eine radikale Kapitalismuskritik, 6. Auflage, Münster.

Brenner, Robert (2004): Neuer Boom oder neue Bubble? Ist der gegenwärtige Aufschwung der US-Wirtschaft eine Seifenblase? Supplement der Zeitschrift Sozialismus 4-2004, Hamburg.

Brenner, Robert (2003): Boom & Bubble. Die USA in der Weltwirtschaft. Aus dem Amerikanischen von F.O. Wolf, Hamburg.

Kapp, K. William (1958): Volkswirtschaftliche Kosten der Privatwirtschaft. Tübingen und Zürich.

Kindelberger, Charles P. (1973): Die Weltwirtschaftskrise 1929-1939, München.

O'Connor, James (1988): Capitalism, Nature, Socialism. A Theoretical Introduction. In: Capitalism nature Socialism, Journal of Socialist Ecology, No. 1-1988.

Roubini, Nouriel (2009): Warning: More Doom ahead, in: Foreign Policy, January.

Alex Demirović

»Politik und Wirtschaft kann man nicht trennen«

Zur Aktualität eines Gemeinplatzes

Die Ansicht, dass Politik und Wirtschaft nicht zu trennen sind, ist nicht allzu geläufig. Das Verständnis, das Liberalismus, Neoliberalismus und politischer Liberalismus oder Varianten der Systemtheorie von der Politik genährt haben, legt doch nahe, als handele es sich bei Politik und Wirtschaft um zwei substanziell verschiedene gesellschaftliche Bereiche. Dass der Staat ein Bereich ist, der zwischen den Welten kapitalistischer Imperative auf der einen und denen demokratischer Ansprüche auf der anderen Seite steht, also von der Ökonomie nicht getrennt werden kann, wird auch von Vertretern der kritischen Theorie vertreten (vgl. Lessenich, 2009: 158). Auch in der marxistischen Diskussion im engeren Sinn ist das Verhältnis keineswegs ganz einfach. Der Staat ist im Prinzip die Selbstorganisation der Herrschenden, ihr gemeinsamer politischer Wille. Dies bedeutet nicht, dass die Herrschenden einer Meinung sind. Im Gegenteil ist der Staat das Forum, auf dem der ständige Konflikt ausgetragen werden kann, welche Kapitalfraktion ihre besonderen Interessen als die der Allgemeinheit durchsetzen kann. Gerade aber, um diese Konflikte besser in den Blick nehmen zu können und methodisch zu verhindern, dass staatliche Politiken auf die Interessen des Kapitals als solchem reduziert werden, hat Nicos Poulantzas im Anschluss an den frühen Marx daran festgehalten, dass die Konstitution von Staat und Produktionsverhältnissen als getrennte Sphären ein wesentliches Merkmal der kapitalistischen Produktionsweise ist. Dennoch lehnt Poulantzas eine substanzielle Unterscheidung ab. Denn die Art und Weise, wie der Staat als von den kapitalistischen Produktionsverhältnissen getrennter konstituiert wird, wird wiederum von diesen determiniert. Auf der Grundlage dieser Trennung kommt es zu ständigen Oszillationen größerer und geringerer Autonomie des Staates von den Produktionsverhältnissen – je nach Art der Konflikte zwischen den verschiedenen Kapitalfraktionen und zwischen diesen und den beherrschten Klassen. Der Neoliberalismus ist demnach, so eine die folgende Analyse bestimmende These, ein besonderes staatliches und wirtschaftspolitisches Programm, das dem Staat eine gewisse Autonomie gegenüber wirtschaftlichen Interessen gibt, nämlich Autonomie gegenüber den Interessen der Volksklassen. Der Neoliberalismus stellt keine Schwächung des Staates dar, sondern seine Stärkung insofern, als sich nun die herrschenden Kräfte in ihm reorganisieren können, ohne derart kompromissbereit sein zu müssen, wie das unter wohlfahrtsstaatlichen Bedingungen der Fall war.

Die Frage nach der Bedeutung des Staates und des Handelns politischer Akteure in der seit 2007 andauernden Finanzmarkt- und Wirtschaftskrise sowie nach der Veränderung, die die bürgerliche Gesellschaftsformation gegenwärtig durchläuft, stellt eine wichtige Herausforderung für die politischen Handlungsmöglichkeiten der Linken, der verschiedenen sozialen Bewegungen und zivilgesellschaftlichen Organisationen dar. Befinden wir uns noch im Postfordismus oder ist dieser bereits überwunden? Erleben wir gerade eine Übergangsphase, in der keine der Kapitalfraktionen ihre Ziele durchzusetzen vermag oder ist der Neoliberalismus definitiv am Ende und gescheitert, wie manche vermuten? Ist der Staat stark oder schwach, ist er überhaupt noch ein Ort, an dem relevante gesellschaftliche Entscheidungen getroffen werden oder hat er seine Souveränität längst schon verloren? Das sind brennende Fragen, die auch einschüchternd sind, bedenkt man ihre Wichtigkeit. Denn an wen soll sich die ohnehin schwache öffentliche Willensbildung richten, wen soll der Protest adressieren: die Ministerien im Bund, das Parlament, das Kanzleramt, die Europäische Zentralbank, die G20-Treffen, den IWF?

Auf einen methodischen Aspekt in diesem Zusammenhang hat Friedrich Engels 1895 in der Einleitung zu Marx' »Klassenkämpfe in Frankreich 1848 bis 1850« hingewiesen. Engels schreibt: »Der klare Überblick über die ökonomische Geschichte einer gegebenen Periode ist nie gleichzeitig, ist nur nachträglich, nach erfolgter Sammlung und Sichtung des Stoffes, zu gewinnen. Die Statistik ist hier notwendiges Hülfsmittel, und sie hinkt immer nach. Für die laufende Zeitgeschichte wird man daher nur zu oft genötigt sein, diesen den entscheidendsten Faktor als konstant, die am Anfang der betreffenden Periode vorgefundene ökonomische Lage als für die ganze Periode gegeben und unveränderlich zu behandeln oder nur solche Veränderungen dieser Lage berücksichtigen, die aus den offen vorliegenden Ereignissen selbst entspringen und daher ebenfalls offen zutage liegen. Die materialistische Methode wird sich daher hier nur zu oft darauf beschränken müssen, die politischen Konflikte auf Interessenkämpfe der durch die ökonomische Entwicklung gegebenen, vorgefundenen Gesellschaftsklassen und Klassenfraktionen zurückzuführen und die einzelnen politischen Parteien nachzuweisen als den mehr oder weniger adäquaten politischen Ausdruck dieser selben Klassen und Klassenfraktionen.« (Engels 1895: 509f.) Es ist beruhigend und beunruhigend zugleich, dass es grundsätzlich nicht möglich ist, sich mitten in der Krise über die Krise verständigen zu wollen, da noch kein richtiges Bild von dem vorhanden sein kann, was im Krisenprozess stattfindet und wohin dieser Prozess im Weiteren führen wird. In gewisser Weise scheint der historische Moment damit offen zu sein und bestimmt davon, wie sich die Akteure in der Krise selbst verhalten. Sind sie irritiert, geschwächt, demoralisiert, machen sie weiter wie bisher, von sich überzeugt? Von solchen Befindlichkeiten wird auch abhängen, wie sie die Krise sehen. Gab es überhaupt eine Krise oder war es nur eine Rezession? War es eine Krise des US-amerikanischen Immobilienmarktes mit Auswirkungen auf einige spekulativ operierende Banken? Wieso wurde dann auch die deutsche und europäische Wirtschaft davon betroffen, nachdem solche mit dem Markt so eng verbundene Politiker immer wieder behauptet haben, die Krise in den USA hätte für Deutschland keine Folgen? Wieso konnten die deutschen Regierungen so lange glauben machen, sie hätten alles im Griff, und die Ansicht vertreten, alles würde gut? Zwar kam es zu geringfügigem Wachstum, die Geschäftsbanken machen seit dem ersten Quartal 2009 regelmäßig sehr hohe Gewinne, aber der Rettungsfonds für die Banken SoFFin weist Verluste auf und die Börsen sind gegenwärtig, Ende Mai 2010, beunruhigt wegen der hohen Verschuldung der Staaten, die unter anderem das Ergebnis der Maßnahmen zur Rettung der Finanzmarktakteure ist. Wieso ist seit März und April 2010 die Europäische Wirtschafts- und Währungsunion von der Krise stärker betroffen als die USA, so dass man den Eindruck gewinnen kann, die dortigen Finanzmarktakteure haben sich gezielt Europa als Spekulationsobjekt vorgenommen, um die Krisenfolgen von der eigenen auf andere Wirtschaften abzuwälzen?

Der Blick auf die Krisendiskussion vermittelt den Eindruck, dass die Situation die kritischen, emanzipatorischen Kräfte dieser Gesellschaft ratlos macht. Denn es gäbe guten Grund für massive soziale Kämpfe, die sich gegen die Rettungs- und Sparpolitik wendeten. Umfragen in der Bevölkerung ließen eine enorme Verunsicherung bei mehr als der Hälfte der Befragten, beispielsweise in Bezug auf Arbeitsplätze oder Geldwertstabilität, erkennen. Viele Menschen haben im Herbst 2008 Geld von den Konten abgezogen. Dennoch gibt es verbreitet Gelassenheit. Die Landtagswahlen und die Bundestagswahl nach Ausbruch der Krise gingen so aus, dass zwar nicht die CDU, aber immerhin die FDP Gewinne zu verzeichnen hatte, während es auf der anderen Seite nicht nachdrücklich zu einer Wählerbewegung zugunsten einer linken Ausrichtung kam. Die Erwartungen, mit der Erfahrung der Krise käme es zu einer zunehmenden Distanz von den Kräften, die maßgeblich eine die Finanzmärkte stärkende Politik verfolgt haben, und würden entsprechende kritische politische Optionen gestärkt, wurde nicht bestätigt. Die Mobilisierung für Proteste gegen die Krise ist in Deutschland keineswegs so erfolgreich gewesen sind, wie man sich dies hätte wünschen können. Es ist nicht gelungen, die faktische Umverteilung nach oben, wie sie in den Rettungsmaßnahmen stattfand, zu politisieren und zu skandalisieren.

Es wurde seit den 1990er Jahren immer wieder die Ansicht vertreten, der Staat habe unter den Bedingungen der Globalisierung eine Einschränkung seiner Handlungsfähigkeit, also seiner Entscheidungs- und Steuerungskompetenzen hinnehmen müssen. Der Staat sei geschwächt worden, weil er durch Optimierung der nationalen Wettbewerbsfaktoren den Unternehmen Angebote machen musste, im nationalstaatlichen Wirtschaftsraum zu bleiben, damit aber gleichzeitig Bedingungen schuf, die ihm seine eigenen Handlungsgrundlagen entzogen: also geringere Steuereinnahmen, Zurücknahme der Strukturpolitik, Privatisierung staatlicher Leistungsangebote. Gleichzeitig gab es eine Reihe von Politikmaterien, an die die Nationalstaaten mit ihren räumlich und zeitlich begrenzten Entscheidungsprozessen nicht heranreichen: Migration, Umwelt. Die Entgrenzung des Regierens schwächte auch demokratische Verfahren, denn längst können sich diejenigen den politischen Entscheidungen entziehen, die auf sie zugunsten ihrer partikularen Interessen Einfluss nehmen. Der gesamte parlamentarisch-repräsentative Prozess läuft leer, wenn politische Entscheidungen nicht mehr im nationalen Raum greifen. Deswegen wurde staatstheoretisch davon gesprochen, dass der Staat Kontrolle verliere und die Entwicklung sich auf Postpolitik und Postdemokratie zu bewege (vgl. Sassen 1996). Mittlerweile ist diese These empirisch sehr breit aufgefächert und mit unterschiedlichen Ergebnissen untersucht worden. Die Tendenzen sind widersprüchlich. Doch für die Kritik an der neoliberalen Politik wurde sie maßgeblich. Denn sie wurde von einem Teil der Linken und der sozialen Bewegungen mit der Annahme darüber verbunden, dass mittels einer neoliberalen Strategie der Privatisierung öffentlicher Güter die Logik des Marktes gestärkt und sich der Regulierung durch den Staat entziehen würde. Insgesamt wurde dieser Prozess als eine »Entbettung« der Märkte verstanden und kritisiert, im Umkehrschluss für Re-embedding, für Neu-Regulierung, für staatliche Eingriffe und Kontrolle plädiert.

Als Reaktion auf die Insolvenz von Lehman Brothers im September 2008 und die darauf folgenden Erschütterungen der Finanzmärkte wurde von der US-Regierung ein Hilfspaket zur Rettung der Banken in Höhe von 700 Milliarden US-Dollar geschnürt. Regierungen in Europa folgten. Alle Maßnahmen erfolgten sehr schnell, so dass genau genommen die demokratischen Verfahren außer Kraft gesetzt wurden. Es wurde deswegen zu Recht von Finanzstaatsstreich und von Staatsnotstand gesprochen (vgl. Harvey 2009a: 37). In Deutschland wurden 115 Mrd. Euro in einem Wirtschaftsfonds bereitgestellt, weitere 500 Mrd. für die Banken, die vom Sonderfonds Finanzmarktstabilisierung (SoFFin) verwaltet werden. Für 2009 verzeichnete der

SoFFin einen Verlust von über vier Mrd. Euro. Die überraschenden staatlichen Maßnahmen in der Krise des Finanzmarktes und der Wirtschaft, also Konjunkturpakete, Bankenrettungsschirme, Verstaatlichungen von Banken, die Diskussionen über Managergehälter und Regulierungen, legt aus dem Blickwinkel der zuvor geäußerten Kritik an den neoliberalen Strategien der Deregulierung und Privatisierung nahe, dass die Phase der neoliberalen Hegemonie vorbei sei. Denn die neoliberale Politik ist an einem Rückzug des Staates, an einer Beschränkung seines Leistungsangebots und der staatlichen Aufgaben ausgerichtet. Öffentliche Güter sollen effizienter von Marktteilnehmern zur Verfügung gestellt werden und werden deswegen privatisiert, Steuern werden gesenkt, um Anreize für Investitionen, die Schaffung neuer Arbeitsplätze und Nachfrage zu geben. Der Staat soll Bedingungen schaffen, unter denen die Bürger selbst aktiv sein können, und nicht als Nachfrager auftreten, der öffentliche Aufgaben durch die Belastung der Bürger und der zukünftigen Generationen finanziert. In der Krise scheint es trotz aller neoliberalen Bekenntnisse zu den Kräften des Marktes von der Seite der deutschen und anderer Regierungen zu einer ordnungspolitischen Umorientierung gekommen zu sein. Liberale Pläne zu weiteren Steuersenkungen erwiesen sich als nicht mehr durchsetzbar. David Harvey (2009b: 107) sprach angesichts dieser breiten staatlichen Hilfsmaßnahmen von einem keynesianischen Momentum, das auch für die Linke eine gewisse Chance der Einwirkung mit sich bringe.

Angesichts des in der Krise eingreifenden Staates machen sich Stimmen bemerkbar, die sagen, der Staat sei zurückgekehrt, der Glaube an die Selbstheilungskräfte des freien Marktes sei erschüttert. Auch von neoliberaler Seite wird dies gesagt. So schreiben Katja Gentinetta, Direktorin von Avenir Suisse, und Karen Horn, Leiterin des Hauptstadtbüros des Instituts der deutschen Wirtschaft: »Gleichviel, die Zustimmung zur Marktwirtschaft hat einen schweren Schlag erlitten. Und mehr noch: wir stecken mitten in einer fundamentalen Systemdebatte. Lord Dahrendorf hatte bereits Anfang 2008 nüchtern konstatiert: ›Die Ära des Neoliberalismus neigt sich dem Ende zu.‹ Möglicherweise stehen wir sogar an der Schwelle zu einer neuen Ära des Dirigismus, in der es Begriffe – und Inhalte – wie Freiheit, Markt, Wettbewerb und Kapitalismus noch schwerer haben werden, als sie es ohnehin schon hatten.« (Gentinetta/Horn 2009: 10) Viele Neoliberale fühlen sich provoziert und weisen die Schuld an der Krise dem Staat und seiner Politik des lockeren Geldes zu. Auf dem Treffen der Mont-Pèlerin-Gesellschaft in New York im März 2009, um über »The End of Globalizing Capitalism? Classical Liberal Responses to the Global Financial Crisis« zu diskutieren. war Konsens, dass nicht die Märkte die Schuld an der

Krise trügen, sondern der Staat. Als verantwortlich wurde eine falsche Zinspolitik ausgemacht, mit der der Staat in Marktprozesse eingegriffen habe – in den USA durch Zinssenkungen, die den Konsum in unverantwortlicher Weise angeheizt hätten.

Ein für Deutschland einschlägigeres Beispiel der neoliberalen Sichtweise ist die Beurteilung der Situation durch Hans-Werner Sinn. In einem Interview mit der Berliner Morgenpost vom 18. Mai 2009 sagte er: »Die neoliberale Denkrichtung, aus der die soziale Marktwirtschaft unter Ludwig Erhard entstanden ist, sagt nicht, dass es ohne den Staat geht. Im Gegenteil unterscheidet sie sich vom Manchester-Kapitalismus dadurch, dass sie einen starken Ordnungsrahmen für die private Aktivität setzt. Wenn der Spielraum durch den Staat richtig definiert ist, kann sich der private Eigennutz produktiv entfalten. Denken Sie an die Dänen und die Wikinger. Die Dänen haben noch genau so viel Gier wie ihre Vorfahren, doch sie sind heute anständige Leute, die ihren Eigennutz produktiv einsetzen, weil sie in der Marktwirtschaft agieren, wo man sich Reichtum erarbeitet, anstatt ihn sich zusammen zu stehlen.«

Wie auch immer Hans-Werner Sinn auf die Wikinger und Dänemark kommt und warum auch immer er in bester bürgerlicher Tradition glaubt, es sei möglich, Milliarden sein Eigentum zu nennen, ohne es unter Nutzung der marktwirtschaftlichen Mechanismen und der Legalität zu stehlen – er weist auf einen wichtigen Aspekt hin: Neoliberale sind nicht per se gegen den Staat. Deswegen müssen sie sich auch nicht unbedingt in einer Defensive empfinden. Entsprechend ist die Position vieler Neoliberaler in der Krise, dass der Staat zwar eingreifen solle, dass er sich nach der Bewältigung der Krise aber auch wieder zurückziehen müsse.

Der Neoliberalismus ist somit nicht, wozu er in linken Bewegungsdiskussionen gemacht wurde. Es gehört zu den beharrlichen Missverständnissen neoliberalismuskritischer Analysen, anzunehmen, dass der Staat durch Deregulierung und Privatisierung immer weiter abgebaut wird und alle Verhältnisse von der Logik der »Verbetriebswirtschaftlichung« durchdrungen werden. Ein Blick in die klassischen Texte des Neoliberalismus – dem in Deutschland das Plädoyer für die Soziale Marktwirtschaft entsprach – zeigt, dass die Liberalen keineswegs homogene Positionen verfolgen, sie sind aber auch keineswegs per se antistaatlich eingestellt. Immer wieder betonen neoliberale Autoren, nicht gegen staatliche Interventionen an sich zu sein. Sie halten das staatliche Monopol auf Zwangsausübung für notwendig, »so dass der Einzelne mit einem gewissen Vertrauen planen kann«. Der Staat habe regulatorische Rahmenbedingungen zu setzen und für verlässliche Tatsachenkenntnisse wie Statistiken und Vermessungen, die Schulerziehung, ein beständiges Geldsystem, die Normierung von Gewichten und Maßen oder für alle die Infrastrukturen zu sorgen, die am Markt von Unternehmen nicht zur Verfügung gestellt würden. Überdies hinaus hätten die liberalen staatlichen Maßnahmen dafür zu sorgen, dass der Markt »einigermaßen gut arbeiten wird« (Hayek 1960: 189). Es geht zum einen darum, die Aneignung von Mehrarbeit und die Realisierung des Mehrwerts unter gesicherten und langfristig berechenbaren Eigentumsverhältnissen zu ermöglichen, zum zweiten zielt die neoliberale Konzeption des Staates darauf ab, mit den Marktgesetzen und nicht gegen sie zu regieren. Dies schließt auch eine marktkonforme Planung ein, die den Staat derart intervenieren lassen will, dass Kapital systematisch vernichtet wird, damit es als unterdurchschnittlich produktives keinen Anspruch auf Anteile vom Gesamtprofit des Kapitals erheben kann.

Der Staat hat mit dem Markt regiert, um Krisenmanagement bei der Bewältigung der seit den 1970er Jahren bestehenden Überakkumulationskrise zu betreiben. Allerdings hat er seinerseits die Krisenelemente verschärft. Der Finanzmarkt, die entsprechende dominante Kapitalfraktion und deren Interessen entstanden nicht als Ergebnis von zu viel Staat oder Deregulierung, sondern wurden durch eine Vielzahl von staatlichen Entscheidungen, Deregulierungen und Regulierungen gefördert. Die Finanzkrise ist Ergebnis einer langfristigen Dynamik im antagonistischen Verhältnis der sozialen Klassen. Die Verringerung des sozialen Wohnungsbaus, die Schwächung der Gewerkschaften und die Senkung der Löhne, die Förderung des privaten Hausbaus und die steuerliche Vergunstigung des Individualverkehrs waren in den USA Faktoren, die dazu beitrugen, dass Lohnabhängige sich zum Kauf eines Hauses veranlasst sahen. Das war nur durch Verschuldung möglich, die zu einem langfristigen Disziplinierungsmittel der Lohnabhängigen wurde. Den Lohnabhängigen wurde die Verschuldung durch anscheinend günstige Kredite als unproblematisch nahegelegt. Aufgrund der starken Nachfrage nach Immobilien stieg aber deren Wert. Die Eigentümer belasteten in der Erwartung von weiteren Wertsteigerungen ihre Immobilien mit zusätzlichen Krediten, um auf diese Weise ihren Konsum zu finanzieren. Die durchschnittliche Verschuldung der privaten US-Haushalte hat sich seit 1980 mehr als verdreifacht (Harvey 2009a; Evans 2008; Panitch et al. 2009). Auf der anderen Seite wurden Steuern für Vermögende gesenkt oder abgeschafft. Der Anteil des reichsten Hundertstels der Einkommensbezieher in den USA ging seit den 1970er Jahren nach oben und erreichte mit 15% fast wieder Vorkriegsniveau (vgl. Harvey 2007: 26ff.). Durch eine Reihe von Gesetzen, Maßnahmen und politischen Strategieelementen wurde seit den 1980er und 1990er Jahren und schließlich in besonders intensiver

Weise auch in Deutschland unter der rot-grünen Regierung ein politischer Umbau sowohl des Staates mit seinen politischen Entscheidungsmustern forciert als auch der Gesellschaft selbst.

Dies folgte keinem Masterplan, verlief aber auch nicht völlig unbewusst hinter dem Rücken der Akteure. Es gibt langfristig verfolgte Strategien, von denen viele Elemente schon in den 1970er im Kontext der Trilateralen Kommission ausgearbeitet worden waren. Es gibt komplexe Absprachen, Koordinationen und Netzwerke – das Wissen dazu ist trotz neuerer Forschungen zu Elitenetzwerken immer noch sehr gering. So arbeitet der Lenkungsausschuss des Wirtschaftsfonds unter der Federführung des Bundesministeriums für Wirtschaft (BMWi). Diesem Gremium gehörten in der vergangenen Legislaturperiode bis Herbst 2009 Staatssekretäre aus den Ministerien der Justiz (Lutz Diwell), der Finanzen (Jörg Asmussen), der Wirtschaft (Walter Otremba) sowie dem Bundeskanzleramt (Jens Weidmann) an. Die drei Letztgenannten saßen auch im Lenkungsausschuss des SoFFin. In den Medien wurde von ungeheurer Machtfülle und Nebenregierung gesprochen. Zu Recht, denn die Entscheidungen der vier Männer unterlagen keiner direkten parlamentarischen Kontrolle. Allerdings entschieden sie in Absprache mit den Fachministern. Das Verfahren wurde trotz des undemokratischen Charakters für unproblematisch gehalten. Denn alle vier galten als unideologisch-pragmatisch, sprich: wirtschaftsliberal; ihre Zusammenarbeit deswegen als reibungslos. Weidmann und Asmussen haben bei Axel Weber, dem Präsidenten der Deutschen Bundesbank, Ökonomie studiert. Asmussen soll Finanzminister Eichel davon überzeugt haben, Weber im Frühjahr 2004 zum Präsidenten der Bundesbank zu berufen; Weber wiederum empfahl der Kanzlerin das CDU-Mitglied Weidmann als Wirtschaftsberater. Das SPD-Mitglied Jörg Asmussen wurde unter Theo Waigel 1996 Mitarbeiter im BMF, er saß für die Bundesregierung im Aufsichtsrat der IKB, der Deutschen Postbank, der Deutschen Telekom sowie im Verwaltungsrat der Bundesanstalt für Finanzmarktaufsicht, er wurde Mitglied der von der Bundesregierung 2008 eingesetzten Expertengruppe zur Reform der internationalen Finanzmärkte »Neue Finanzmarktarchitektur«, war an der Vorbereitung der verschiedenen Gipfeltreffen zur Bewältigung der Finanzkrise und an den Rettungsmaßnahmen für Opel und Arcandor beteiligt. Auch unter dem neuen Finanzminister Schäuble arbeitet er weiter als beamteter Staatssekretär mit der Zuständigkeit für Bankenaufsicht und internationale Finanzpolitik. Dies wurde als Signal an die FDP gewertet, die wegen der Vorgänge um die Hypo Real Estate mehrfach seinen Rücktritt gefordert hatte. Merkel wolle mit dieser Personalie deutlich machen, dass die neue Regierung den Kurs in der Finanzkrise beibehalte und auf eine stärkere Kontrolle der

Finanzmärkte ziele (vgl. Financial Times Deutschland, 28.10.2009). Doch gerade daran sind Zweifel angebracht. Denn Asmussen hat im Rahmen seiner Funktionen im Finanzministerium die Verbriefung von Kreditgeschäften oder die Zulassung von Hedgefonds in Deutschland mit vorangetrieben (vgl. Claus Hulverscheidt: Ein mächtiges Quartett, in: Süddeutsche Zeitung, 9.6.2009). Er ist Mitglied des Gesellschafterbeirats von True Sale International GmbH, einer Lobbyorganisation, die sich für Asset Backed Securities einsetzt. Vorgeworfen wurden ihm Interessenkonflikte auch deswegen, weil seine Lebensgefährtin seit 2003 die Deutsche Börse in Berlin vertritt.[1]

Die Politiken seit den 1980er Jahren haben das Ziel und die Wirkung gehabt, Teile von Industrie- und Geldkapital zu einer neuen Kapitalfraktion unter der Dominanz der Finanzmarktakteure zu verschmelzen (vgl. Harvey 2007: 44f.). Elemente dieses Umbaus waren beispielsweise die Einschränkung des Streikrechts in den 1980er Jahren; die allmählichen Verschlechterungen der Situation von Arbeitslosen durch den Wegfall des Schutzes vor Abgruppierungen und durch Veränderungen der Bezugsdauer des Arbeitslosengeldes. Hinzu kamen die zunehmende Drangsalierung von Arbeitslosen und schließlich die Finanzmarktförderung und Gesetzgebung der rot-grünen Koalition, die durch Maßnahmen wie die Besteuerungsbefreiung von Veräußerungsgewinnen; die Beseitigung der Vermögenssteuer, die Zulassung und Förderung von Hedge Fonds und dergleichen mehr gekennzeichnet war (vgl. Demirović 2009; Steinborn 2009).

Die vielleicht nachhaltigste Maßnahme, die erstaunlich breit getragen wurde, war sicherlich die Einführung der privaten Altersvorsorge. Die so genannte Riesterrente, die steuerlich geförderte Form der privaten Altersvorsorge als einer dritten Säule, wurde in enger Abstimmung mit der Finanzindustrie betrieben, und trägt dazu bei, das akkumulierte Geldkapital auch im Umfang noch weiter zu vergrößern. Es geht dabei um eine bestimmte Rhetorik und Praxis, die Menschen dazu zwingt, private Vorsorgemaßnahmen zu treffen, Kapital anzulegen und dieses institutionellen Anlegern zur Verfügung zu stellen. Damit wurde eine Dynamik forciert, die bereits seit einigen Jahren zunehmend an Bedeutung gewann: der »andere« Umgang mit überakkumuliertem Kapital. Es wurden neue Verwertungsmöglichkeiten für die Versicherungsindustrie geschaffen und damit das Risiko gesteigert, das sich aus solchen Anlagemodellen ergibt. Nimmt man diese Maßnahmen zusammen, wird ersichtlich, dass mit einer Vielzahl von gesetzgeberischen Maßnahmen erfolgreich versucht wurde, die Bedingungen für den Finanzmarkt-Kapitalismus zu schaffen.

---

[1] Vgl. zu diesen Angaben http://de.wikipedia.org/wiki/J%C3%B6rg_Asmussen.

Es ist nicht einfach eine anonym sich vollziehende Freisetzung oder »Entbettung« eines irgendwie vorhandenen Marktes, sondern eine systematische, politisch herbeigeführte Förderung einer bestimmten Marktinstitution oder – mit dem Ausdruck Gramscis – die Schaffung eines bestimmten Marktes, die gegen politischen und gesellschaftlichen Widerstand und durch eine Vielzahl von politischen Aktivitäten in der Zivilgesellschaft und in der Politik im engeren staatlichen Sinne durchgesetzt wurde. Die Kampagnen der 1990er Jahre zu neuen Vermögensbildungsprojekten, die ihren dauerhaften Rückhalt in der Zivilgesellschaft fanden – beispielsweise durch die in den späten 1990er Jahren eingeführten Börsennachrichten vor der »tagesschau«, durch die in jener Zeit zunehmenden Diskussionszirkel, in denen über Aktienkurse und Anlagestrategien diskutiert wurde, oder die zunehmende Attraktivität der Kreditaufnahme, mit der im Kleinen dasselbe betrieben wurde, was im Großen die Banken tun, nämlich Aktien kaufen und auf Gewinnzunahme spekulieren –, diese Kampagnen sind Teile von politischen Maßnahmen und tragen zum Abbau des wohlfahrtsstaatlichen Kompromisses und einer neoliberalen Reorganisation der Ökonomie bei.

Betrieben wurde diese Reorganisation von sozialen Kräften, die in diesem Umbauprojekt ihre Macht vergrößert haben. Deswegen sollte man in diesem Zusammenhang eher von einem finanzdominierten als -getriebenen Akkumulationsregime sprechen – von mächtiger werdenden ökonomischen Akteuren, die ein politisches Projekt unter anderem mit neoliberalen Argumenten verfolgen, das aus einer Vielzahl von Einzelelementen besteht (vgl. Chesnais 2004).

Die These, die ich vertreten will, ist also, dass der Staat nicht zurückkehrt, weil er nicht weg war. Er steht nicht über den sozialen Kräften, sondern er wurde im Zuge der Veränderung der gesellschaftlichen Kräfteverhältnisse selbst in einen neoliberalen Staat umgebaut und hat mit dem in ihm dominant organisierten Kräften den gesellschaftlichen Umbauprozess und die Veränderungen im Verhältnis zwischen den Kapitalfraktionen selbst über Jahre gleichsam begleitet, aktiv mitgestaltet und verschiedene Formen des Kompromisses gewählt. In Deutschland wurde dieser Prozess im Vergleich zu Großbritannien oder den USA langsam betrieben. Phasenweise wurden die Gewerkschaften massiv angegriffen – zu denken ist nur an die Dauerpropaganda in den sonntäglichen Talkrunden bei Sabine Chistiansen mit Gästen wie Friedrich Merz oder Hans Olaf Henkel. Dennoch wurde unter den konservativen Regierungen immer noch ein Ausgleich mit den Gewerkschaften gesucht. Zu einem überraschend radikalen Bruch zwischen staatlicher Politik und Gewerkschaften kam es dann mit der Agenda 2010 unter der rot-grünen Koalitionsregierung von Schröder und Fischer, der wohl zu einer dauerhaften Distanz zwischen den relevanten Gewerkschaften IG Metall und ver.di auf der einen und der SPD auf der anderen Seite geführt hat.

Dieser Prozess der Restrukturierung des Kapitalverhältnisses und der Kräfteverteilung im bürgerlichen Lager war mit einer ganzen Reihe von Maßnahmen verbunden, die seit dem offenen Ausbruch der Krise im September 2008 massiv infrage gestellt wurden. Debattiert wird seitdem, ob und auf welche Weise diese Form der Politik weitergeführt werden könne und sollte. Es existieren durchaus Anhaltspunkte dafür zu vermuten, dass die Perspektive, die im Moment von der herrschenden Politik verfolgt wird, dahin geht, eine neoliberale Politik weiterzuverfolgen und diese Machtkonstellation zu konsolidieren, auch in der und durch die Krise hindurch.

Unmittelbar in der Krise zielten die Rettungsmaßnahmen der US-Regierung auf die Rettung der Banken, und nicht etwa darauf, den Familien ihre Unterkunft zu sichern (vgl. Marcuse 2008). Das allein gibt schon einen Hinweis darauf, dass die staatlichen Eingriffe keineswegs eine ordnungspolitische Wende bedeuteten. Sie dienen vielmehr dazu, in der Krise bestimmte Kapitalgruppen zu stärken, deren Eigentum und Gewinne zu schützen, indem die Vernichtung von Kapital verhindert oder auf die andere gesellschaftliche Gruppen abgewälzt wird (Unternehmen, Sparer, Steuerzahler, Lohnabhängige, von staatlichen Leistungen Abhängige). Im ersten Quartal 2010 haben 7.932 US-Banken etwa 18 Mrd. US-Dollar verdient, etwa dreimal mehr als im entsprechenden Quartal ein Jahr zuvor. Es wird gleichzeitig vermutet, dass etwa zehn Prozent der Banken geschlossen werden müssen. Seit Anfang 2008 wurden in den USA bereits 237 Banken geschlossen. Gerade kleinere Banken sind von der Kreditklemme stärker betroffen als große Banken. (NZZ, 22.5.2010)

Die Hilfen für die Banken wurden nicht konditionalisiert, also an soziale oder ökologische Gesichtspunkte Bedingungen geknüpft. Das gilt in ähnlicher Weise auch für die Hilfen für die Industrie. Die von den G20- und den EU-Regierungschefs ins Auge gefassten Maßnahmen zur Kontrolle der Finanzmärkte werden nicht oder nur selektiv verwirklicht werden, also öffentliche Rating-Agenturen, Kontrolle der Boni, Verbot bestimmter Finanzprodukte, Verbot von Leerverkäufen und Hedge-Fonds, stärkere Eigenkapitalrücklagen, Bankenfonds, geregelte Insolvenzen auch von großen Banken, Finanztransaktionssteuer. Die Finanzmarktakteure haben den politischen Prozess maßgeblich beeinflussen können. Die Nationalstaaten waren Instrumente dafür, Maßnahmen wechselseitig zu blockieren. So äußerte sich Angela Merkel wiederholt positiv zur Transaktionssteuer, um gleichzeitig zu betonen, das fiele ihr ganz leicht, doch würde sie nicht kommen, weil sie international nicht durchsetzbar sei. In ähnlicher Weise gilt dies für Boni-

Regelungen oder für den Derivate-Handel. In den USA haben sich Banken bereit erklärt (und das wurde ihnen auch bewilligt), eine erhebliche Kreditzurückzahlung zu tätigen, damit sie sich aus der Verpflichtung, die Gehälter zu limitieren, gewissermaßen freikaufen können. Das sind Komponenten, die nahelegen, dass es zu einer effektiven Kontrolle der Finanzmarktakteure nicht kommen wird. Einige dieser Regulierungen werden sicherlich kommen oder, soweit sie gegenwärtig gelten, Bestand haben. Denn auch die Vermögensbesitzer haben kein Interesse, dass ihre akkumulierten Eigentumsansprüche durch geringfügige Fehler bei finanziellen Transaktionen zerstört werden. Für sie geht es darum, das eigene Risiko zu mindern, aber das Geschäftsmodell der Aneignung gesellschaftlichen Reichtums nicht zu blockieren. Das ist Gegenstand der Diskussion und des Konflikts.

Von besonderer Bedeutung ist, dass die Privatversicherungen in der Krankheits- und insbesondere der Altersvorsorge nicht abgeschafft wurden. Im Prinzip müsste diese Art der Geldkapitalbildung, diese Schöpfung riesiger Summen von Geldkapital, das institutionellen Anlegern zur Verfügung steht, gestoppt werden, weil sie eine der Möglichkeiten oder der Zwänge von institutionellen Anlegern ist, dieses Geld wieder mit hohen Renditeerwartungen anzulegen. Wie absurd das ist, hat Ulrike Herrmann in der taz vom 14.6.2009 deutlich gemacht: Sie konnte zeigen, dass der Allianz-Konzern die privat angelegten Renten in der Krise zu 70% in Staatspapiere der BRD steckt. Die Steuerzahler finanzieren folglich die Anlagen der Allianz-Versicherung, die sie sich auf dem Umweg über die Allianz-Versicherung als Renten auszahlen. Dazwischen aber hält ein Profiteur die Hand auf, der auf die Rendite achtet, also auf die Dividende für die Aktionäre und die hohen Verwaltungskosten, die das Unternehmen selber für sich in Anspruch nimmt, da es gewinnorientiert arbeitet.

Aufgrund der Entwicklung der letzten dreißig Jahre befinden wir uns in einer Situation, von der wir sagen können, dass die kapitalistischen Gesellschaften zu reich für die eigenen Gesellschaftsverhältnisse geworden sind. Wenn wir ein Weltgesamtvermögen von ungefähr 200 Billionen US-Dollar haben und das Weltsozialprodukt im Jahr bei 55 Billionen US-Dollar liegt, dann sind die Vermögensbestände, die erhalten und verwertet werden wollen, viermal so hoch wie das, was die Welt wirtschaftlich pro Jahr erwirtschaften kann. Allein um diese Eigentumstitel zu bedienen, die da erworben wurden, müsste die ganze Menschheit jahrelang arbeiten – eine groteske Vorstellung.

Die Konsequenz ist die folgende Alternative: Die kapitalistische Lösung ist Kapitalvernichtung. Es gibt also einen Kampf darum, wessen Eigentumstitel vernichtet werden und wer gezwungen werden kann, für die angehäuften Eigentumsansprüche zu arbeiten, um diese zu verwerten. Kapitalvernichtung kann über den Markt organisiert werden in Form von Spekulation – wie im Fall von Griechenland. Es kann zu politisch herbeigeführter Kapitalvernichtung kommen in Form von Währungsschnitten und Inflation. Dies wird im Zusammenhang der Griechenland-Krise diskutiert, war aber auch schon im Herbst 2008 als eine Option zur Bereinigung der Schulden der USA im Gespräch. In diesem Fall trifft es eine breite Bevölkerung, nicht die Vermögenden, die ihre Vermögensbestände in krisensichere Eigentumstitel konvertieren (Immobilien, Aktien, Edelmetalle). Drittens schließlich könnten politisch gezielt Eigentumstitel der Anerkennung entzogen und vernichtet werden. Darauf aufbauend wäre radikaler eine sozialistische Lösung, die Verstaatlichung und Vergesellschaftung einschließt. In diesem Fall könnte ein gewisser Teil des akkumulierten Reichtums erhalten werden, denn der Reichtum kann umverteilt werden und im Rahmen neu definierter gesellschaftlicher Zwecke produktive Verwendung finden – so kann gesellschaftliche Arbeit genutzt werden, für die es unter kapitalistischen Bedingungen keinen Bedarf gibt und die zu einem enormen Maß an Arbeitslosigkeit führt.

Meine These lautet also, dass die Politik seit Ausbruch der Krise versucht, die Finanzmarktakteure, die etablierten Eigentumsformen, wie sie sich in den letzten dreißig Jahren entwickelt haben, die Machtpositionen, die mit diesem Eigentum verbunden sind, auch durch die gegenwärtige Krise hindurch zu bringen und in der Krise zu sichern und zu bewahren. Auf den Finanzmärkten findet eine Bereinigung statt, es kommt zur Machtkonzentration der Banken einiger Finanzmarktakteure. Die Finanzmarktindustrie geht stärker und mit einer enormen Durchsetzungsfähigkeit aus der Krise heraus, zumal ja auch deutlich wurde, dass es gegen sie keine relevanten Kräfte gibt. »Too big to fail.«

Die Finanzmarktakteure haben trotz Überraschung und Verunsicherung schnell begriffen, dass sie sich selbst in einer extremen Krisensituation behaupten konnten. Es muss vermutet werden, dass es bei weiterer Überakkumulation auch eine weitere Stagnation geben wird und Versuche, bei einer Stagnation der Wirtschaft mittels Spekulation und Shareholder Value-Strategien weiterhin hohe Gewinne zu erzielen. Das bringt keine wirkliche Bereinigung der Eigentumsansprüche. Nach der Krise wird sich die Realwirtschaft nicht mehr auf das Niveau von vor der Krise erholen. Die Wachstumsraten selber sinken seit den 1970er Jahren weiter (vgl. Tab. 1). Die mit hohen staatlichen Verschuldungen und Unterstützungsprogrammen gestützten Finanzmarktakteure werden über kurz oder lang die nächste Krise erzeugen. Sie verdienen an der Verschuldung der Staaten, die diese eingehen, um die

Banken zu retten, denn sie erzielen mit der Platzierung von Staatsanleihen erhebliche Gewinne, sie können sich zu niedrigen Zinsen Geld bei den Zentralbanken verschaffen, um es dann in besser verzinste Staatsanleihen anzulegen oder dem Staat Geld zu leihen. Sie spekulieren auf Währungsdifferenzen oder auf den Niedergang einzelner Euro-Staaten. Um die Euro-Zone zu schützen, mussten die Länder der Euro-Zone weitere Garantien geben. Dies zeitigt selbst wieder perverse Effekte. Die Finanzmärkte sind besorgt, weil die Staaten so verschuldet sind, dass sie im Fall einer Verschärfung der Krise keine Spielräume für weitere Verschuldung mehr haben. Die Börsenkurse weisen nach unten, weil die Anleger angesichts der öffentlichen Sparprogramme und der ökonomischen Einschränkungen der Privathaushalte eine neue Rezession befürchten. Entsprechend gibt es zwischen den europäischen und der US-Regierung einen Konflikt darüber, ob es sinnvoll ist, in der Krise die öffentlichen Haushalte sanieren zu wollen (die deutsche Position) oder eher Nachfrage anzuregen (die US-Position). Obwohl die offizielle politische Rhetorik nahelegt, die Krise sei vorbei, obwohl Wirtschaftsaufschwung, Anstieg der Auftragseingänge oder eine Wiederbelebung der Konsumentennachfrage beobachtet wird, bestehen die Ursachen der Krise weiter, ja sie haben sich durch die Krisenbewältigungsstrategie sogar noch verstärkt. Auch der Krisenverlauf nach dem Ausbruch 1929 war nicht gleichförmig und es gab kurzzeitige Erholungen. Den Finanzmarktakteuren ist es gelungen, durch Spekulation gegen Griechenland die Krise auf die Euro-Zone abzuwälzen. Noch ist nicht klar, ob sich dieser Vorgang nicht noch verschärft mit einer Spekulation gegen Portugal oder Italien wiederholen kann. Selbst im bürgerlichen Lager gibt es Unruhe. Die Finanzmärkte befürchten, dass die Bevölkerungen sich die radikalisierte Austeritätspolitik nicht bieten lassen werden, auf die sich die europäischen Regierungen nun geeinigt haben, um den vermögensbesitzenden Kapitaleignern ihr Eigentum und ihre Gewinne zu sichern: Abbau des öffentlichen Dienstes, weitere Privatisierung, Steuererleichterungen für Reiche. Familienministerin Schröder spricht ein wahres Moment in der neoliberalen Nachhaltigkeitsdemagogie an: Für wen eigentlich sparen wir jetzt, wenn nicht für die Kinder, deren Zukunft wir durch Kürzungen der öffentlichen Haushalte dramatisch verschlechtern? Es muss also befürchtet werden, dass es zu einer möglichen und vielleicht noch dramatischeren und größeren Krise kommt, wenn sich die dominierende Art der Krisenbewältigung weiterhin durchsetzt.

Die Frage nach den politischen Konsequenzen liegt auf der Hand. Wir befinden uns an einem Punkt, an dem wir mit liberalen, aber auch mit keynesianischen Vorstellungen der Politik nicht mehr hinreichend auf diese Prozesse Einfluss nehmen können. Denn liberale Politik basiert auf der Trennung

Tab. 1: Wachstumsraten (reales Bruttoinlandsprodukt) – Jahresdurchschnittswerte

	1960-69	1970-79	1980-89	1990-99	2000-08
Deutschland	4,39	3,27	1,96	2,32	1,44
USA	4,69	2,42	3,06	3,13	2,34
OECD	5,23	3,77	2,99	2,51	2,36

zit. nach: Dullien/Herr/Kellermann 2009: 24

von der Politik und ökonomischen Prozessen und verordnet noch mehr Austerität: Keynesianische Politik will die Nachfrage durch höhere Löhne und durch höhere öffentliche Ausgaben anregen. Letztere Politik könnte zwar ein Stück weit Gerechtigkeit wiederherstellen, Krisendynamiken dämpfen und die Lebensqualität vieler Menschen wieder verbessern. Allerdings werden ökologische und soziale Folgen einer solchen Politik zu wenig bedacht. Auch die Frage der Demokratie spielt in keynesianischen Ansätzen oft eine erstaunliche geringe Rolle. Deswegen plädiere ich wie viele andere dafür, nicht nur die Institutionen der Demokratie wieder zu stärken, sondern auch die wirtschaftlichen Entscheidungsprozesse zu demokratisieren und die Diskussionen zur Wirtschaftsdemokratie wieder zu beleben (vgl. Demirović 2007). Mit wirtschaftsdemokratischen Instrumenten könnten Betriebe umgewandelt werden in Beteiligungsgesellschaften, in MitarbeiterInnengesellschaften, um auch mit völlig anderen Geschäftsmodellen und Erwartungen diese Unternehmen zu führen. Eine Vielzahl von Unternehmensinsolvenzen (ca. 60%) sind auf Managementfehler von Privateignern zurückzuführen, eine demokratisch kontrollierte Wirtschaft könnte hier deutlich zur Minderung der Risiken für die Beschäftigten beitragen. Gemeinwirtschaftliche Unternehmen müssen auch nicht in gleicher Weise renditeorientiert wirtschaften. Ein ebenso wichtiger Vorschlag, der weiter diskutiert werden müsste, ist die Einführung von Wirtschafts- und Sozialräten. In diesen Gremien könnten für eine Branche oder für kleine und große Regionen Strukturpolitik verfolgt werden, die langfristige Innovationen anstößt, Produktions- und Dienstleistungsunternehmen neue Impulse gibt und Arbeitsplätze sichert und das Arbeitskräftepotenzial fortentwickelt.

Angegangen werden müsste zudem die Frage, ob und wie man mit wirtschaftsdemokratischen Instrumenten an die Unternehmen des Finanzmarktes herankommt. Auch dazu gibt es Vorschläge. Ratingagenturen könnten öffentlich kontrolliert werden, Kreditvergaben oder Bürgschaften an entsprechende Beteiligungsmodelle und Nachhaltigkeitskonzepte gebunden werden, so dass damit nicht nur demokratiepolitische, sondern auch umweltpolitische

Ziele verfolgt werden könnten. Deutlich höhere Steuereinnahmen könnten zum Aufbau von öffentlichen und demokratisch kontrollierten Kreditinstituten verwendet werden.

Der Staat war nie weg, er hat jedoch – wie wir aus Erfahrung wissen – nicht immer gute Lösungen für die Lenkung der Wirtschaft parat. Die Folgen der Krise wie des Krisenmanagements werden von den Herrschenden und Reichen auf die breite Bevölkerung abgewälzt. Das ist der Sinn von Herrschaft und Marktwirtschaft. Der Sinn von Demokratie ist es, dass wir als Herrschaftsunterworfene dazu aufgefordert sind, uns an den Mechanismen zu beteiligen, deren Folgen wir zu tragen haben. Das ist die zentrale Forderung jeder Demokratie: als Herrschaftsunterworfene jene Entscheidungen mitzubestimmen, unter deren Herrschaft wir uns begeben. Wenn wir die ökonomischen Prozesse und die mit ihnen verbundenen Risiken zu erleiden haben, dann sollten wir sie auch selbst bestimmen können. Denn dann haben wir die Fehler, unter denen wir leiden müssen, wenigstens selbst gemacht. Jetzt aber leiden wir unter den Fehlern einiger sehr weniger reicher Männer.

Literatur

Chesnais, François (2004): Das finanzdominierte Akkkumulationsregime: theoretische Begründung und Reichweite, in: Christian Zeller (Hrsg.): Die Globale Enteignungsökonomie, Münster.

Demirović, Alex (2007): Demokratie in der Wirtschaft, Münster.

Demirović, Alex (2009): Kehrt der Staat zurück? Wirtschaftskrise und Demokratie, in: PROKLA. Zeitschrift für kritische Sozialwissenschaften, Heft 157, S. 589-606.

Dullien, Sebastian/Herr, Hansjörg/Kellermann, Christian (2009): Der gute Kapitalismus… und was sich dafür nach der Krise ändern müsste, Bielefeld.

Engels, Friedrich (1895): Einleitung zu Karl Marx' »Klassenkämpfe in Frankreich 1848 bis 1850«, MEW 22, Berlin/DDR 1963ff.

Gentinetta, Katja/Horn, Karen (2009): Vorwort, in: dies. (Hrsg.), Abschied von der Gerechtigkeit. Für eine Neujustierung von Freiheit und Gleichheit im Zeichen der Krise, Zürich.

Harvey, David (2007): Kleine Geschichte des Neoliberalismus, Zürich.

Harvey, David (2009a): Der Finanzstaatsstreich: Ihre Krise, unsere Haftung, in: Blätter für deutsche und internationale Politik, Heft 7, S. 37-47.

Harvey, David (2009b): Was tun? Und wer zum Teufel tut es? In: Luxemburg, Heft 1, S. 100-109.

Hayek, Friedrich A. von (1960): Wirtschaftspolitik im Rechtsstaat. In: Wolfgang Stützel et al. (Hrsg.), Grundtexte zur Sozialen Marktwirtschaft, Stuttgart/New York 1981.

Marcuse, Peter (2008): Ein anderer Blick auf die Subprime Krise. In: PROKLA 153, Dezember 2008, S. 561-568.
Panitch, Leo/Konings, Martijn/Gindin, Sam/Aquanno, Scott (2009): The Political Economy of the Subprime Crisis. In: Leo Panitch/Martijn Konings (Hrsg.), American Empire and the Political Economy of Global Finance, 2. Auflage, New York.
Sassen, Saskia (1996): Losing Control? Sovereignty in an Age of Globalization. New York: Columbia University Press.
Steinborn, Susanne (2009): Regulierung der Finanzmärkte in Deutschland unter Berücksichtigung der Rahmensetzung durch die EU. Kurzstudie im Auftrag der Rosa-Luxemburg-Stiftung, Stand November 2009, http://ifg.rosalux.de/wp-content//Regulierung-der-Finanzm%C3%A4rkte-in-Deutschland3.pdf

Hans-Jürgen Bieling

Metamorphosen des »integralen Staates«

Konkurrierende Leitbilder in der Krisendiskussion

In der politischen Öffentlichkeit, also in Talkshows, im Feuilleton und im Wirtschaftsteil von Tages- und Wochenzeitungen, in den politischen Verbänden oder im Wissenschaftssystem, wird seit längerem über den Wandel des Staates diskutiert. Die Diskussionen standen zunächst ganz im Zeichen der globalen Wirtschafts- und Finanzkrise. Deren phasenweise dramatischer Verlauf, ebenso aber auch die strukturelle, auf Aufmerksamkeit und Skandalisierung bedachte Neigung zur medialen Überzeichnung haben dafür gesorgt, dass die Diskussionen vielfach sehr aufgeregt, schwankend und auch recht oberflächlich geblieben sind. Dies gilt insbesondere für die aufgebauschte Staatsrhetorik, mit der in der zweiten Jahreshälfte 2008 bis Anfang 2009 längst als veraltet und überholt geglaubte politische Interventionsaktionen kommentiert wurden. So schrieb etwa Heinrich Wefing am 23. Oktober 2008 in der Wochenzeitschrift »Die ZEIT« einen Artikel, in dem passend zur Dekoration mit dem Titelbild von Thomas Hobbes Leviathan ausgeführt wird: »Niemals nach Kriegsende war der Staat in Deutschland derart mächtig wie in diesen Wochen. Und wohl noch nie war er so populär. Er weiß kaum wohin mit seiner Kraft. Breitbeinig stampft er durch die Lande, schützt die kleinen Leute und zieht den frech gewordenen Bankern die Ohren lang. Er kann alles, tut alles, und wird dafür bejubelt: Ein Wort aus seinem Mund, und die Sparbücher sind sicher. Ein Fingerschnipsen, und die Banken haben wieder Kredit. Eine arbeitswütige schlaflose Woche, und das einschneidendste Notstandsgesetz der Bundesrepublik ist durch das Parlament geprügelt.«

Ähnlich, zum Teil allerdings auch mit großer Sorge sahen andere Zeitschriften diesen Prozess. Am 19. Januar 2009 eröffnete z.B. die »Wirtschaftswoche« mit der Titelschlagzeile »Vorwärts in die DDR. Banken, Autos, Zulieferer – wer wird als Nächstes verstaatlicht?«, um mutmaßliche »Gefahren« eines zu weitreichenden staatlichen Krisenmanagements zu thematisieren.

Die zwischenzeitlich prominente, wenn auch irreführende Rede von der »Rückkehr des Staates« – wenn überhaupt, dann ging es spezifischer um die Rückkehr des »Interventionsstaates« – ist demzufolge mit großer Vorsicht zu genießen. Einiges spricht jedenfalls dafür, dass sich die jüngere politische Konstellation recht kompliziert und widersprüchlich darstellt. So ist der Verlauf der öffentlichen Diskussion durch mehrere Wendungen und gegenläufige Diskurse gekennzeichnet. Diese wurden anfangs durch ein aktives, zumeist allerdings nur ad hoc orientiertes staatliches Krisenmanagement – Konjunkturprogramme, Rettungsaktionen und Regulierungsaktivitäten – geprägt, bevor in den letzten Monaten die Fragen der steigenden Staatsverschuldung vermehrt in den Vordergrund getreten sind. Doch nicht nur die Themen, auch die Interpretationsfolien und Leitbilder des Staatshandelns haben sich partiell verschoben. Nachdem marktliberal orientierte Ökonomen und Politiker vom Ausbruch der globalen Wirtschafts- und Finanzkrise anfänglich überrascht worden waren (vgl. Ahmia 2008) und keynesianisch-staatsinterventionistische Konzeptionen vorübergehend an Gewicht gewonnen hatten, hat sich die öffentliche Stimmungslage mittlerweile wieder verschoben. So ist das Leitbild eines demokratischen Sozial- und Interventionsstaates, das auf die Verstetigung einer umfassenden, auf sozialen Ausgleich bedachten staatlichen Regulierung gesetzt hat, wieder in den Hintergrund getreten, indessen die Vertreter einer modifizierten, d.h. um die Katastrophenschutzfunktion erweiterten Konzeption des »schlanken Wettbewerbsstaates« an Einfluss gewonnen haben.

Das Ziel dieses Beitrags besteht nicht nur darin, diese diskursiven Wendungen nachzuzeichnen. Sie sollen auch politiktheoretisch konzeptualisiert und empirisch analysiert werden. Zu diesem Zwecke wird zunächst dargelegt, dass sich die Prozesse des staatlichen Wandels nur dann erschließen, wenn über die unmittelbaren politischen Entwicklungen hinaus auch das Terrain des »erweiterten« oder »integralen« Staates (1.) – also der zivilgesellschaftlichen Deutungskämpfe und konkurrierenden Leitbilder (2.) – in die Betrachtung mit einbezogen wird. Anschließend wird rekonstruiert, dass sich in der aktuellen Konstellation mehrere sozioökonomische Krisen- und Transformationsprozesse überlagern (3.). Die zivilgesellschaftlichen Kämpfe stehen demzufolge im Zeichen der globalen Wirtschafts- und Finanzkrise und der sich zuspitzenden Krise der öffentlichen Haushalte, müssen zugleich aber auch vor dem Hintergrund des ökonomischen, sozialen und (macht-)politischen Wandels der letzten Jahrzehnte betrachtet werden. Diese Veränderungen wirken insofern nach, als sich im Kampf zwischen den zentralen staatlichen Leitbildern – dem um die Katastrophenschutzfunktion erweiterten Wettbewerbsstaat und dem demokratischen Sozial- und Interventionsstaat – das Pendel zugunsten der erstgenannten Version zu neigen scheint (4.). Ob dies so bleibt, ist jedoch nach wie vor ungewiss, da mit der Fortdauer der Krise das gesellschaftliche Konfliktpotenzial anwächst (5.).

1. Analytische Aspekte der Konzeption des »integralen Staates«

Die kriseninduzierte Transformation des Staates erschließt sich nicht allein aus den politischen Auseinandersetzungen im politischen System, d.h. dem Staat im engeren Sinne. Die Minister, Staatssekretäre, Verwaltungsfachleute, Parlamentarier und Parteistrategen debattieren keineswegs im abgeschlossenen Raum über – mehr oder weniger – angemessene krisenpolitische Entscheidungen. Die politischen Entscheidungsträger sind insofern einer gewissen öffentlichen Kontrolle ausgesetzt, als sie im Rampenlicht der medialen Diskurse stehen. Sie sind damit einem permanenten, oft allerdings nicht besonders hartnäckigen Begründungszwang ausgesetzt. Über diese Funktion der nachsorgenden öffentlichen Kontrolle politischer Entscheidungen hinaus haben die Arenen der Zivilgesellschaft zuweilen auch einen strukturierenden Einfluss auf die staatliche Politik, da die zivilgesellschaftlich artikulierten Weltsichten gleichsam den Handlungskorridor der politischen Entscheidungsträger definieren.

Beide Interaktionsmuster lassen sich dahingehend interpretieren, dass es sich beim Staat und bei der Zivilgesellschaft weniger um entgegengesetzte, als vielmehr um komplementäre Sphären des politischen Managements handelt. Diese Sichtweise ist bereits recht früh in den 1920er Jahren von dem italienischen Marxisten und Politiker Antonio Gramsci konzeptionell entwickelt worden. Gramsci beschäftigte damals vor allem die Frage, warum die sozialistische Revolution im Osten, genauer: im kapitalistisch noch kaum entwickelten Russland, erfolgreich gewesen war, in den westeuropäischen Ländern aber scheiterte. Die von ihm gefundene Antwort lautete wie folgt: »Im Osten war der Staat alles, die Zivilgesellschaft war in ihren Anfängen und gallertenhaft; im Westen bestand zwischen Staat und Zivilgesellschaft ein richtiges Verhältnis, und beim Wanken des Staates gewahrte man sogleich eine robuste Struktur der Zivilgesellschaft. Der Staat war nur ein vorgeschobener Schützengraben, hinter welchem sich eine robuste Kette von Festungen und Kasematten befand; von Staat zu Staat mehr oder weniger, versteht sich, aber gerade dies verlangte eine genaue Erkundung nationaler Art.« (Gramsci 1991ff.: 874)

Der Verweis auf die Bedeutung und spezifische Funktionsweise der Zivilgesellschaft kennzeichnet auch heute noch die kritischen soziologischen und politikwissenschaftlichen Analysen der bestehenden Macht- und Herrschaftsverhältnisse. So stimmen, zumindest was die Deskription der Zivilgesellschaft betrifft, die neo-gramscianischen und kritisch-liberalen oder -republikanischen Betrachtungen weitgehend überein. Gramsci (1991ff.) rechnete der Zivilgesellschaft in erster Linie all jene, häufig als »privat« eingestuften Organisationen wie Bildungsinstitutionen, Massenmedien, Theater und Museen, politische Parteien und Vereinigungen, Diskussionsforen oder Nachbarschaftsnetzwerke zu, die als Kommunikationsarenen die öffentliche Meinung bzw. herrschende Ideologie in besonderem Maße prägten. Seine Aufmerksamkeit galt dabei nicht zuletzt den Printmedien: »Die Presse ist der dynamischste Teil dieser ideologischen Basis [der herrschenden Klasse, H.-J.B.], aber nicht der einzige. Alles, was direkt oder indirekt die öffentliche Meinung beeinflusst oder beeinflussen kann, gehört ihr an: die Bibliotheken, die Schulen, die Zirkel und Clubs verschiedener Art bis hin zur Architektur, zur Anlage der Straßen und Straßennamen.« (Gramsci 1991: 96)

Einige Jahrzehnte später kann sich Jürgen Habermas dieser Skizze der Zivilgesellschaft grundsätzlich anschließen. Er sieht in den diversen nichtstaatlichen und nicht-ökonomischen Assoziationen, aber auch in den – elektronischen – Massenmedien, den Parteien oder den Markt- und Meinungsforschungsinstituten gleichsam das institutionelle Gerüst der Zivilgesellschaft. Diese setzt sich für ihn »aus jenen mehr oder weniger spontan entstandenen Vereinigungen, Organisationen und Bewegungen zusammen, welche die Resonanz, die die gesellschaftlichen Problemlagen in den privaten Lebensbereichen finden, aufnehmen, kondensieren und lautverstärkend an die politische Öffentlichkeit weiterleiten. Den Kern der Zivilgesellschaft bildet ein Assoziationswesen, das problemlösende Diskurse zu Fragen allgemeinen Interesses im Rahmen veranstalteter Öffentlichkeiten institutionalisiert.« (Habermas 1992: 443f.)

Doch so ähnlich die Zivilgesellschaft von beiden Theoretikern auch beschrieben wird, so spezifisch sind zugleich einige analytisch-konzeptionelle Akzente. Für Habermas stellt die Zivilgesellschaft – als kommunikative Infrastruktur der Öffentlichkeit – in erster Linie ein kritisches Korrektiv zu den etablierten Institutionen des politischen Systems dar. In der Kombination von Elementen des staatskritischen Liberalismus und zivilgesellschaftlichen Republikanismus entfaltet er eine deliberative Theorie der Politik, die die emanzipatorischen Triebkräfte des Wandels in der Lebenswelt verortet. Von Gramsci wird das emanzipatorische Potenzial der Lebenswelt und Zivilgesellschaft zwar nicht bestritten, letztlich bildet diese für ihn aber keinen allseits offenen Kommunikationsraum, sondern vielmehr eine hochgradig vermachtete Arena der politischen Konsensgenerierung. Mit anderen Worten, Gramsci nimmt die Zivilgesellschaft vornehmlich als Bestandteil des »integralen« oder »erweiterten« Staates in den Blick, um zum Ausdruck zu bringen, dass die Operationsweise des Staates in die Zivilgesellschaft eingebettet ist, d.h. durch diese gestützt wird, letztere zugleich aber auch machtpolitisch strukturiert.

Die Zivilgesellschaft als Bestandteil des »integralen Staates« zu betrachten, ist in mehrfacher Hinsicht aufschlussreich. So wird z.B. der Blick darauf gelenkt, dass die staatliche Machtpolitik über ein breites Arsenal unterschiedlicher Instrumente verfügt: von der Gesetzgebung, über die exekutiven Überwachungs- und Repressionstechniken bis hin zu den vielfältigen zivilgesellschaftlichen Formen der Überzeugung, kulturellen Vereinnahmung oder sogar Manipulation. Darüber hinaus sorgt die politökonomische Fundierung der Staatskonzeption, also die Prägung staatlicher Organisationsformen und Entscheidungsprozesse durch die allgemeinen Funktionserfordernisse der kapitalistischen Ökonomie, dafür, dass die sozioökonomischen Voraussetzungen staatlicher und zivilgesellschaftlicher Prozesse und damit letztlich auch deren sozialer (Klassen-)Charakter mit reflektiert werden. In diesem Zusammenhang stellt sich die Frage, ob die zivilgesellschaftlichen Aktivitäten, also die in den diversen Assoziationen, Netzwerken und Kommunikationsarenen vertretenen Normen, Werte und Praktiken dazu beitragen, die bestehenden Macht- und Herrschaftsverhältnisse hegemonial abzusichern oder aber infrage zu stellen.

2. Zur Genese und Transformation politischer Leitbilder

Auch die aktuellen zivilgesellschaftlichen Kämpfe um Hegemonie haben zweifelsohne einen sozialen (Klassen-)Charakter. Dieser manifestiert sich nicht nur im ungleichen Zugang zu den Arenen der politischen Kommunikation und Entscheidungsfindung, sondern auch in den damit häufig verbundenen materiellen Effekten und Verteilungswirkungen. Trotzdem wird im öffentlichen Diskurs, nicht zuletzt von den politischen Entscheidungsträgern selbst, der soziale (Klassen-)Charakter der staatlichen Politik immer wieder bestritten.

Dies ist insofern plausibel, als die politischen Akteure und Organisationen keineswegs identisch sind mit spezifischen sozialstrukturellen Referenzgruppen wie sozialen Klassen, Geschlechtern oder Ethnien. Zumindest dann, wenn sie einflussreich sein wollen, kommen sie nicht umhin, sich stets im Schnittfeld mehrerer sozialer Cleavages zu positionieren. Der Erfolg von politischen Parteien, Verbänden und ihren Mandatsträgern korrespondiert demzufolge nur noch locker mit einer expliziten Interessenpolitik. Offenbar kommt es in den öffentlichen Diskussionen darauf an, sich nicht nur als fachlich kompetent vorzustellen, sondern auch die konkurrierenden partikularen Interessenlagen jeweils als allgemeine, für alle vorteilhafte politische Positionen zu präsentieren.

Der Kampf um das angemessene gesellschaftliche Allgemeininteresse oder Gemeinwohl vollzieht sich freilich nur selten auf der Ebene abstrakter politischer Losungen und Ziele. Er ist zumeist sehr konkret, d.h. auf spezifische Probleme und Krisenprozesse bezogen. Die Organisation von gesellschaftlicher Zustimmung oder Hegemonie – nach Gramsci »Konsens gepanzert mit Zwang« – hängt nicht zuletzt davon ab, dass sich allgemeine Diskurse und Weltsichten als hilfreich und interpretationskräftig für die Bewältigung konkreter politischer Herausforderungen erweisen. Eine wichtige Vermittlungsebene zwischen den weltanschaulichen Debatten und der konkreten Tagespolitik spielen dabei spezifische »Leitbilder«. Nach Heinrich Schneider (1992) handelt es sich bei Leitbildern um Idealvorstellungen eines angestrebten Ordnungsmodells. Sie sind als ein dialektisch aufeinander bezogenes Ensemble von Zielvorstellungen sowie Wahrnehmungs- und Deutungsmustern zu verstehen, die konkreten Situationen eine bestimmte »Relevanzstruktur« zuschreiben. Leitbilder umschließen zugleich eine historische, eine macht- und interessengeleitete wie auch eine kommunikativ vermittelte Sinndimension. Als Ziel- und Strategiekonzepte zur Etablierung und Fortentwicklung politischer Ordnungsstrukturen, d.h. von Institutionen und Verfahren, entfalten Leitbilder zuweilen eine gewisse Eigendynamik, die als »Kristallisation von Sinnbezügen« und »Gerinnung von Macht- und Interessenkonstellationen« letztlich jedoch – wie vermittelt auch immer – auf spezifische gesellschaftliche Strukturprobleme und Krisenprozesse verweist (ebd.: 4f.).[1]

Im Prinzip ähnelt diese Sichtweise der von Peter Hall (1993), der jedoch nicht den Begriff des Leitbildes, sondern den des politischen Paradigmas verwendet und diesen wie folgt illustriert: »[…] policymakers customarily work within a framework of ideas and standards that specifies not only the goals of policy and the kind of instruments that can be used to attain them, but also the very nature of the problems they are meant to be addressing. […] I am going to call this interpretive framework a policy paradigm.« (Hall 1993: 279)

Es wäre nun allerdings verkürzt, die Veränderungsdynamik von politischen Leitbildern oder Paradigmen allein auf die diskursiv-ideellen Dimensionen, d.h. die Entwicklung des Interpretationsrahmens zu reduzieren. Schließlich korrespondiert auch für Hall der diskursiv-ideelle Wandel

[1] Im Anschluss an Michel Foucault (2000) lassen sich Leitbilder in diesem Sinne auch als diskurs- und politikprägende Momente einer historisch spezifischen Gouvernementalität – der besonderen Verknüpfung von Regierungskunst und gesellschaftlichen Mentalitäten bzw. Denkweisen – begreifen.

mit Veränderungen in der instrumentell-materiellen Politikgestaltung. Der Wandel politischer Paradigmen lässt sich nach ihm in mehrere Aspekte oder Teilstufen untergliedern. Eine erste Stufe des Wandels (»first order change«) besteht darin, dass die verfügbaren politischen Instrumente – z.B. die Zinspolitik der Zentralbank, die arbeitsmarktpolitischen Förderprogramme oder Umweltstandards – anders eingesetzt oder angewendet werden, ohne damit jedoch einen politischen Richtungswechsel einzuleiten. Auch die zweite Stufe des Wandels (»second order change«) beinhaltet noch keinen Kurswechsel. Sie bezieht sich aber nicht mehr allein auf den Einsatz bestehender Instrumente, sondern auf eine Veränderung des gesamten Sets der verfügbaren Instrumente, die zum Teil neu gewichtet, mitunter sogar abgeschafft oder neu kreiert werden. Diese Neugewichtung der Instrumente kann bereits sehr bedeutsam sein. Sie verdichtet sich mitunter – in der dritten Stufe (»third order change«) – zu einem Leitbild- oder Paradigmenwechsel, wenn vor dem Hintergrund eines veränderten Problemhorizonts auch die politischen Ziele selbst grundlegend neu definiert werden.

Dieser Prozess der Neudefinition kann sich länger hinziehen oder abrupt erfolgen. Er ist in dem Maße umkämpft, wie – insbesondere in Krisen- und Umbruchzeiten – zumeist mehrere Leitbilder miteinander konkurrieren. Welches Leitbild oder Paradigma sich durchsetzt, ist oft nur schwer zu antizipieren. Die politische Gestaltungskraft von Leitbildern wächst jedoch grundsätzlich in dem Maße, wie die unterschiedlichen Ebenen der Leitbildproduktion kohärent ineinander greifen und sich wechselseitig bestärken. Analytisch lassen sind vor allem folgende Ebenen unterscheiden (vgl. Hall 1990: 80ff.)[2]:

- Auf der Ebene der Leitbildproduktion sind in erster Linie Wissenschaftler, Think Tanks, Intellektuelle und andere Angehörige der meinungsbildenden Klassen bestrebt, möglichst kohärente und überzeugende Deutungsangebote für drängende gesellschaftliche Probleme und Krisenprozesse zu liefern. Hierin mit eingeschlossen sind die Anstrengungen, die jeweiligen zeitdiagnostischen Interpretationen in Gestalt eingängiger Begriffsformeln zuzuspitzen und produktiv zu wenden, d.h. als ausstrahlungsfähigen Referenzpunkt für die praktische Politik darzustellen.

[2] Stuart Hall unterscheidet mit Verweis auf die hegemonietheoretischen Überlegungen Antonio Gramscis nur zwischen zwei »Stockwerken«: der »Philosophie« und dem »Alltagsbewusstsein«. Angesichts der Arbeitsteilung zwischen unterschiedlichen Intellektuellen-Typen scheint es sinnvoll, mindestens noch ein weiteres Stockwerk, das der Diffusion und Operationalisierung der Ideen, aufzuführen.

- Ob dies gelingt, wird vor allem auf der Ebene der Operationalisierung von Leitbildern entschieden. Maßgeblich ist demzufolge die Bereitschaft, die Fähigkeit und das Geschick von anderen Teilen der meinungsbildenden Klassen, den sog. »second hand dealers in ideas« (Hayek zit. nach Cockett 1994: 159), also Journalisten, Lehrern, Bildungsarbeitern sowie Partei- und Verbandspolitikern, die verfügbaren Leitbilder in praktikable politische Initiativen zu übersetzen und für diese in der öffentlichen Diskussion eine ausreichende gesellschaftliche Zustimmung zu organisieren.
- Die dritte Ebene der Leitbildproduktion bildet schließlich das Alltagsbewusstsein der breiten Massen. Dieses wird nicht allein durch die (massen-)medialen Informationen, also die konkurrierenden gesellschaftlichen Diskurse, Leitbilder und Deutungsangebote geprägt, sondern auch durch die konkreten, zum Teil recht widersprüchlichen Erfahrungen in der Arbeitswelt und der lebensweltlichen Reproduktion. Mehr noch, ungeachtet aller Verzerrungen bildet das Alltagsbewusstsein damit gleichsam einen kritischen Prüfstein für alle im öffentlichen Raum zirkulierenden Interpretationsraster und politischen Leitbilder.

Die skizzierten Ebenen verdeutlichen, dass sich die Entwicklung von Leitbildern nicht jenseits der Erfahrungen, Interessen und politischen Willensäußerungen der breiten Massen erklären lässt, dass im Prozess der Leitbilddefinition den Intellektuellen zugleich jedoch eine Führungsrolle zukommt. Nicht zuletzt in Zeiten des gesellschaftlichen Umbruchs und der Verunsicherung bietet sich ihnen die Möglichkeit, in Form spezifischer Krisen- und Zeitdiagnosen auf den öffentlichen Diskurs einzuwirken. Häufig beschränken sich die intellektuellen Interventionen darauf, tradierte Sichtweisen infrage zu stellen und neue Deutungs- und Interpretationsangebote zu liefern. Zuweilen leitet die Kritik der bestehenden Ordnungsmuster aber auch direkt zu alternativen Leitbildern über, die ihrerseits die Diskussion über notwendige, angemessene und vorteilhafte politische Reaktionen auf akute Krisen und drängende gesellschaftliche Probleme anleiten.

3. Kontexte der aktuellen Krisen- und Transformationsprozesse

Die jüngere Leitbild-Debatte über die Rolle des Staates steht ganz im Zeichen der globalen Wirtschafts- und Finanzkrise. Dies liegt einerseits nahe, da die ökonomischen Entwicklungen – die Bankenkrise, Kreditklemme, Unternehmensinsolvenzen, drohende Entlassungswellen etc. – ein staatliches Ad-hoc-Krisenmanagement erzwungen haben. Mehr noch, nicht wenigen scheint die prospektive Überwindung der Krise nur mit Hilfe einer aktiv steuernden staatlichen Einflussnahme möglich zu sein. Andererseits greift die diskursive Fixierung auf die aktuelle Wirtschafts- und Finanzkrise aber deutlich zu kurz. Sie ignoriert nicht nur andere, ebenfalls drängende Krisenprozesse wie z.B. die Energie-, Klima- und Hungerkrise (vgl. Altvater 2009), sondern lässt auch die gesellschaftspolitische und gesellschaftsstrukturelle Vorgeschichte der globalen Wirtschafts- und Finanzkrise weitgehend unberücksichtigt.

Grenzen und Widersprüche der Entstaatlichung

Die jüngere Vorgeschichte war dadurch geprägt, dass bereits vor dem Ausbruch der globalen Wirtschafts- und Finanzkrise eine Repolitisierung der staatlichen Aktivitäten beobachtbar war (vgl. Bieling 2009a). Diese Repolitisierung stellte im Kern eine Reaktion auf die Kommerzialisierung des alltäglichen Lebens dar, die ihrerseits seit den 1980er Jahren im Zuge der marktliberalen Restrukturierung sukzessive vorangetrieben worden war (vgl. Crouch 2008: 101ff.), zuletzt aber vielfältige sozioökonomische Probleme und Krisenprozesse hervorgerufen hatte. Im öffentlichen Diskurs schlug sich dies darin nieder, dass nicht mehr nur über die notwendigen marktliberalen Modernisierungsimpulse, sondern vermehrt über die negativen Folgen einer zu weit getriebenen Entstaatlichung debattiert wurde. Wenn auch nicht so krass wie in den USA, so lässt sich die folgende von Jürgen Habermas (2008) identifizierte Krisenproblematik auch in Deutschland beobachten: »Die Privatisierung der Alters- und Gesundheitsvorsorge, des öffentlichen Verkehrs, der Energieversorgung, des Strafvollzugs, militärischer Sicherungsaufgaben, weiter Bereiche der Schul- und Universitätsausbildung und das Ausliefern der kulturellen Infrastruktur von Städten und Gemeinden an das Engagement und die Großherzigkeit privater Stifter gehören zu einem Gesellschaftsdesign, das in seinen Risiken und Auswirkungen mit den egalitaren Grundsätzen eines sozialen und demokratischen Rechtsstaates schlecht zusammenpasst.«

Über diese Problembeschreibung hinausweisend ist in der öffentlichen Diskussion unterschwellig suggeriert worden, die aktuelle Wirtschafts- und Finanzkrise im Anschluss an die historisch-konzeptionellen Überlegungen von Karl Polanyi (1977) als Ausdruck eines politischen Pendelschwungs oder einer politischen Wende zu betrachten. In dem Buch »The Great Transformation« hatte Polanyi jedenfalls argumentiert, dass die wirtschaftlichen, gesellschaftlichen und politischen Entwicklungen in hohem Maße durch eine »Doppelbewegung«, d.h. das Spannungsverhältnis zweier Organisationsprinzipien geprägt sind: Auf der einen stand für ihn das Prinzip des

Wirtschaftsliberalismus, »das auf die Schaffung eines selbstregulierenden Marktes abzielte, auf die Unterstützung durch die gewerbetreibenden Schichten zählte, und als Methode weitgehend *Laissez-faire* und den Freihandel benützte« (ebd.: 172). Auf der anderen Seite identifizierte Polanyi (1977: 172) »das Prinzip des Schutzes der Gesellschaft, das auf die Erhaltung des Menschen und der Natur sowie der Produktivkräfte abzielte, auf die wechselnde Unterstützung jener zählte, die von der verderblichen Wirkung des Marktes als erste betroffen wurden – vor allem, aber nicht nur, der arbeitenden und der bodenbesitzenden Klassen – und Schutzgesetze, Schutzvereinigungen und andere Interventionsmittel als Methoden benützte«.

Nachdem diese »Doppelbewegung« zwischen dem Ideal, besser: der Ideologie[3] des sich selbst regulierenden Marktes und dem Prinzip der sozialen Protektion der Gesellschaft bereits prägend für die »große Depression« der Jahre 1873 bis 1886 sowie die krisendurchtränkte Zwischenkriegszeit gewesen war, schien sie nun auch für die aktuellen Krisenprozesse aufschlussreich zu sein. Einiges sprach zumindest zwischenzeitlich dafür, dass sich die skizzierte »Doppelbewegung« wie bereits im 19. und frühen 20. Jahrhundert heute erneut in Form eines dreistufigen Prozesses artikuliert:

- Die erste Stufe bildete die wachsende Kritik am keynesianischen Wohlfahrtsstaat seit den 1970er Jahren, die sich allerdings erst Anfang der 1990er Jahre im neuen Leitbild des »schlanken Wettbewerbsstaates« verdichtete (vgl. Bieling 2009a). Im Kern zielte dieses darauf, die marktliberale Deregulierungs- und Privatisierungsstrategie zu beschleunigen und – durch Benchmarking-Verfahren, neue administrative Steuerungsmodelle etc. – auf den öffentlichen Sektor auszudehnen und zu verallgemeinern. Aufgrund sozioökonomischer Krisenprozesse und vielfältiger politischer Widerstände konnten diese Bestrebungen der Deregulierung und Privatisierung nur selten bruchlos umgesetzt werden. Sie wurden jedoch in dem Maße forciert, wie seit Ende der 1990er Jahre im Kontext der Leitbilder des »aktivierenden Staates« und »Gewährleistungsstaates« die marktliberale Wettbewerbsmodernisierung durch gewisse regulative Rahmensetzungen kanalisiert wurde.

[3] Polanyi weist nachdrücklich darauf hin, dass die Idee des sich selbst regulierenden Marktes in bestimmten Entwicklungsphasen durchaus politisch handlungsanleitend war, letztlich jedoch stets einen Mythos oder eine Fiktion darstellte. Schließlich wird das Marktgeschehen nicht nur durch staatliche Aktivitäten immer wieder ausbalanciert, sondern – in Gestalt von Eigentumsrechten, Wettbewerbsregeln etc. – auch grundlegend konstituiert.

- In der Folge des Siegeszugs der Ideologie des sich selbst regulierenden Marktes mehrten sich in der zweiten Prozessstufe dann die Phänomene der sozialen Ungleichheit und Unsicherheit. Die Erwerbslosigkeit verharrte auf einem hohen Niveau, indessen die Formen der Armut, sozialen Exklusion und Prekarisierung – nicht zuletzt in Form eines sprunghaften Anstiegs sog. atypischer Beschäftigungsverhältnisse – an Bedeutung gewannen (vgl. Kronauer 2008; Castel/Dörre 2009). Diese Entwicklung der marktliberalen Wettbewerbsmodernisierung zuzuschreiben liegt auf der Hand, da unregulierte Märkte als Ungleichheits- und Unsicherheitsmaschinen fungieren. Sie sind insofern Ungleichheitsmaschinerien, als sich gemäß dem Motto des »survival of the fittest« nicht nur einige Unternehmen, sondern auch viele Beschäftigte in der Konkurrenz nicht mehr behaupten können, sich die »Gewinner« zugleich aber die verbliebenen Marktanteile aneignen. Darüber hinaus repräsentieren unregulierte Märkte auch Unsicherheitsmaschinerien, da sich viele Marktteilnehmer keineswegs sicher sein können, ob sie zu den Gewinnern oder aber Verlierern der forcierten Wettbewerbsdynamik gehören.
- Die vermehrten sozialen Problemlagen provozieren in der dritten Stufe schließlich eine Gegenreaktion der Gesellschaft. Schon vor dem Ausbruch der globalen Wirtschafts- und Finanzkrise stand die öffentliche Debatte – zumindest zum Teil – im Zeichen arbeits- und sozialpolitischer Korrekturen, wie z.B. die Diskussionen über den Mindestlohn, eine verbesserte Kinderbetreuung oder den Elternurlaub verdeutlichen. Auch die Privatisierung der öffentlichen Infrastruktur wurde nicht nur von den Beschäftigten, sondern auch seitens der Verbraucher zunehmend kritisch gesehen. Überhaupt mehrten sich im Zuge der globalen Wirtschafts- und Finanzkrise – so eine ländervergleichende BBC-Studie (vgl. Tabelle 1) – die kapitalismuskritischen Stimmen. Selbst in Deutschland sorgte die Zuspitzung der Krise im Herbst 2008 dafür, dass sich das Stimmungsbild mit Blick auf die Rolle des Staates deutlich zu wandeln begann (vgl. Tabelle 2). Plötzlich wurde dem Staat nicht nur zugestanden, mit Milliardenprogrammen das Finanzsystem zu stabilisieren, sondern – zur Sicherung von Produktion und Beschäftigung – auch umfassende Konjunkturprogramme aufzulegen, deren Praktikabilität in den Jahren zuvor noch vehement in Abrede gestellt worden war.

Die Rückbesinnung auf den Staat und die diesem erneut abverlangten Regulierungs- und Interventionsleistungen in Anlehnung an Karl Polanyi als »Doppelbewegung« zwischen den widerstreitenden Prinzipien des Wirtschaftsliberalismus und der sozialen Protektion zu interpretieren, ist in mancher Hinsicht zweifelsohne instruktiv. Letztlich greift diese Perspektive aber

Tabelle 1: Freier Markt – Umfrage in den Ländern (Globescan-Umfrage für BBC) in %

Länder	Kapitalismus funktioniert nicht – es braucht ein neues System	Probleme des Kapitalismus können durch Regulierungen und Reformen gelöst werden	Kapitalismus funktioniert gut – mit mehr Regulierung würde er weniger effizient
Frankreich	43	47	6
Mexiko	38	40	2
Brasilien	35	43	8
Ukraine	31	55	6
Spanien	29	56	5
Russland	23	44	12
Polen	22	44	15
Kanada	20	55	15
Pakistan	19	39	21
Großbritannien	19	57	13
USA	13	53	25
Deutschland	8	75	16

Quelle: Frankfurter Rundschau, 10. November 2009, S. 6.

Tabelle 2: Erwünschte Staatsbeteiligung nach Branchen

Branchen	insg.	CDU/CSU	SPD	FDP	Grünen	Linke
Energiewirtschaft	77	73	83	70	84	78
Banken/Versicherungen	64	61	76	58	67	73
Fluglinien, Bahn, Post	60	58	70	46	74	66
Chemie/Pharma	45	39	51	35	54	53
Telekommunikation	40	39	41	38	38	46
Landwirtschaft	40	33	37	25	44	42
Elektroindustrie	35	35	34	26	33	33
Immobilienwirtschaft	31	23	40	28	37	26
Automobilindustrie	26	24	26	23	29	23

Quelle: Stern, Heft 45, 2008; Forsa-Umfrage vom 22. und 23. Oktober mit 1001 Befragten

zu kurz. Schließlich wird mit ihr nicht oder nur unzureichend erfasst, inwiefern und warum sich im Zuge der marktliberalen Reorganisationsstrategien zugleich auch die gesellschaftlichen Strukturen, Machtbeziehungen und staatlichen Regulationsformen grundlegend – also auch qualitativ – verändert haben. Mit anderen Worten, die von Polanyi entworfene Analyseperspektive repräsentiert im Kern eine Art »Pendeltheorie«, nicht aber macht- und staatstheoretisch fundierte »Entwicklungstheorie« (vgl. hierzu auch Silver 2003: 17f.), die über den Kampf der gegenläufigen Ordnungsprinzipien hinaus auch den spezifischen Charakter der aktuellen Konstellation genauer zu bestimmen vermag.

Instabilität des globalisierten Finanzmarktkapitalismus

Eine nahe liegende Möglichkeit, die Erklärungsdefizite der Polanyi'schen »Pendeltheorie« zu überbrücken, liefern einige regulationstheoretische Überlegungen, die sich in der Zeitdiagnose eines »finanzmarktgetriebenen«, oder etwas schwächer: »finanzmarktdominierten« Akkumulationsregimes verdichten (vgl. Aglietta 2000; Stockhammer 2007). Dessen Entfaltung wurde selbst durch staatlich-regulative Modernisierungsprozesse begleitet und gefördert. Vor allem aber hat sich die Finanzmarktdynamik, insbesondere die Stärkung der Wertpapiermärkte, einschließlich der auf diesen operierenden Akteure und neuartigen Finanzinstrumente, auf viele andere Gesellschaftsbereiche ausgewirkt (vgl. Boyer 2000: 118ff; Nölke 2009). Um nur einige Beispiele der transformativen Durchdringung zu nennen: das zunehmende Gewicht von Institutionellen Anlegern – Versicherungen, Investment- und Pensionsfonds –, die als Sammelstellen angespartes Kapital auf die Wertpapiermärkte lenken; die wachsende Bedeutung des Investmentgeschäfts für viele Banken; die Shareholder Value-Orientierung von Managementstrategien; die Reform der Corporate Governance Systeme; oder auch die Teilprivatisierung der Alterssicherung sowie die Privatisierung der öffentlichen Infrastruktur.

All diese Prozesse verweisen auf eine zunehmende Finanzialisierung des Wirtschaftsgeschehens. Das Konzept der Finanzialisierung bezieht sich dabei allgemein auf die »increasing role of financial motives, financial markets, financial actors and financial institutions in the operation of the domestic and international economies« (vgl. Epstein 2005: 3). Mit dieser Entwicklung geht nicht nur eine Verschiebung des Anteils von Profiten zwischen dem Produktions- und Finanzsektor einher. Es wandeln sich auch die Machtverhältnisse zwischen unterschiedlichen gesellschaftlichen Akteursgruppen. Angetrieben durch den Prozess einer »neuen Landnahme« (Dörre 2007) erfasst dieser Wandel über den Finanz-, Dienstleistungs- und Reproduktionssektor hinaus auch die konkreten alltäglichen Arbeits- und Reproduktionsbedingungen, einschließlich der durch diese geförderten Deutungen, Mentalitäten und Identitäten (vgl. Langley 2008). In diesem Sinne spricht denn auch vieles dafür, dass sich in den 1980er und 1990er Jahren der Übergang in eine neue gesellschaftliche Formation des »Finanzmarkt-Kapitalismus« (Windolf 2005) vollzogen hat, der durch spezifische Momente einer ökonomischen Disziplinierung sozialer und politischer Beziehungen, aber auch durch vielfältige Instabilitäten gekennzeichnet ist.

Die strukturelle Instabilität des Finanzmarkt-Kapitalismus erschließt sich allerdings nur, wenn dessen Entwicklung im globalen Kontext betrachtet wird. In den 1970er Jahren war dieser zunächst durch wirtschaftliche Krisen- und Stagnationstendenzen geprägt, die ihrerseits eine strukturelle Überakkumulation von verfügbarem Kapital indizierten, das sich nur noch begrenzt profitable Investitionssphären erschließen konnte (vgl. Sablowski 2009). Diese Konstellation wurde durch das staatliche *deficit spending* vorübergehend entschärft, zugleich aber durch die Deregulierung und Liberalisierung der Finanzmärkte, d.h. durch die Ausweitung und Erschließung von renditeträchtigen Finanzanlagen, also die Finanzialisierung der Ökonomie, systematisch reproduziert. So schälte sich – das Bretton-Woods-System war bereits 1973 kollabiert – im Laufe der 1980er Jahre ein neues globales Währungs- und Finanzsystem heraus, das Peter Gowan (1999) prägnant als Dollar Wall Street Regime (DWSR) bezeichnete und das vor allem auf zwei, sich wechselseitig stützenden Pfeilern beruhte: zum einen auf einem starken US-Dollar, der grundsätzlich die Bereitschaft förderte, Kapitalwerte in den USA, d.h. an der Wall Street zu platzieren; und zum anderen auf beträchtlichen Kapitalzuflüssen, die ihrerseits wiederum die Weltwährungsfunktion des US-Dollars bekräftigten. Die Spielregeln des DWSR – offene Kapitalmärkte, freie Wechselkurse und die internationale Währungskonkurrenz – die in erster Linie durch die Wall Street-Akteure in Kooperation mit US-amerikanischen Staatsapparaten definiert wurden, hatten zur Folge, dass die USA die globalen Geld- und Kapitalmärkte, so auch die europäischen, gewissermaßen in den eigenen nationalen Reproduktionskreislauf integrierten (vgl. Bieling 2009b). So wurde das strukturelle US-amerikanische Leistungsbilanzdefizit in wachsendem Maße durch Finanzblasen – erst die der New Economy und dann die der Subprime-Papiere – ausbalanciert, die entsprechende ausländische Kapitalzuflüsse mit sich brachten.

Die Funktionsweise des DWSR und die Finanzialisierung der diesem angegliederten Wirtschaftsräume bedingen sich also nicht nur wechselseitig, sondern begünstigen auch strukturell die Entstehung spekulativer Finanzblasen. Dem globalen Finanzmarktkapitalismus ist damit eine systemische Instabilität eingeschrieben. Ob und in welchem Maße diese durch eine strengere regulative Kontrolle der Finanzmärkte und ein kooperatives Wechselkursmanagement, das die globalen makroökonomischen Ungleichgewichte korrigiert, überwunden werden kann, ist nicht leicht zu beantworten. Die Häufung von schweren Währungs- und Finanzkrisen in unterschiedlichen Weltregionen – so z.B. die Verschuldungskrise der Dritten Welt in den 1980er Jahren, die Asienkrise 1997, weitere schwere Währungs- und Finanzkrisen in größeren Schwellenländern (Russland, Brasilien, Argentinien, Türkei) und zuletzt die New Economy- und schließlich die Subprime-Krise – spricht eher dagegen. Mehr noch, die krisenvermittelte Reproduktion des Finanzmarktkapitalismus lässt auch erkennen, dass sich – wie bereits angedeutet – die gesellschaftlichen Machtverhältnisse grundlegend gewandelt haben. Im Rückblick stellen sich denn auch viele Krisen weniger als eine Chance der politischen Kurskorrektur dar, sondern eher als eine Gelegenheit, auf dem eingeschlagenen, finanzmarkt-orientierten Entwicklungspfad beschleunigt voranzuschreiten.

Gesellschaftliche Kräfteverhältnisse

Ob und in welchem Maße der Wandel der gesellschaftlichen Kräfteverhältnisse durch das finanzgetriebene Akkumulationsregime oder den Finanzmarkt-Kapitalismus bedingt ist, lässt sich nicht ganz eindeutig bestimmen. Sicherlich haben auch andere Entwicklungen, etwa die Globalisierung oder die europäische Integration, den Wandel der Machtbeziehungen und politischen Einflusspotenziale mit geprägt. Letztlich kommt dem Übergang zum Finanzmarkt-Kapitalismus aber insofern eine ganz zentrale Bedeutung zu, als er in besonderem Maße die Transformation der sozialen Strukturen – und indirekt damit die soziokulturellen Grundlagen politischer Diskussions- und Entscheidungsprozesse – beeinflusst hat. Einige Zusammenhänge mögen dies illustrieren:

- Erstens haben im Zuge der Aufwertung der Wertpapiermärkte und der De-Segmentierung, d.h. der Integration unterschiedlicher Finanzmarktbereiche, spezifische Interaktions- und Kooperationsbeziehungen an Gewicht gewonnen. Im Zentrum wirtschaftlicher, oft aber auch politischer Entscheidungsprozesse stehen vermehrt institutionelle Anleger (Versicherungen oder Investment- und Pensionsfonds), Rating-Agenturen und Investmentbanken. Zuweilen ist auch von einer neuen Dominanz des sog. »FIRE«-Sektors – bestehend aus *Finance*, *Insurance* und *Real Estate* – die Rede, der die wirtschaftliche Gesamtentwicklung zunehmend bestimmt (Janszen 2008: 52ff.).
- Zweitens transformieren sich im Finanzmarkt-Kapitalismus – und der Shareholder Value-Orientierung vieler Manager – die Beziehungen zwischen den Anteilseignern (institutionellen Anlegern), den Transnationalen Konzernen und den zumeist mittelständischen Zuliefer- und Vertriebsfirmen (vgl. van Apeldoorn/Horn 2007). Während Erstgenannte sich tendenziell über einen wachsenden Einfluss, steigende Renditen und Dividenden freuen können, bekommen die Zuliefer- und Vertriebsfirmen oftmals

Schwierigkeiten, die ihnen abverlangten Liefer- oder Absatzkonditionen zu erfüllen.

- Drittens erhöht die finanzmarktkapitalistische Entwicklung damit ganz allgemein den Druck auf die abhängig Beschäftigten, sog. atypische, oftmals prekäre Beschäftigungsverhältnisse zu akzeptieren (vgl. Dörre 2005). Unter den Bedingungen der materiellen und beruflichen Unsicherheit schwindet bei den betroffenen Personengruppen oft die Bereitschaft, sich gewerkschaftlich zu organisieren und gesellschaftspolitisch zu engagieren.

Diese und andere Entwicklungen verdeutlichen, dass der Finanzmarkt-Kapitalismus die Vermarktlichung der Sozialbeziehungen vorantreibt. In der Folge mehren sich nicht nur die alltäglichen – beruflichen und alltagsweltlichen – sozialen Unsicherheitserfahrungen. Es entstehen zugleich auch neue soziale Hierarchien und Machtgefüge mit privilegierten politischen Einflussmöglichkeiten. So prägen in wachsendem Maße die führenden Transnationalen Konzerne (TNKs) des Industrie-, Dienstleistungs- und Finanzsektors, nicht zuletzt die Groß- und Investmentbanken, Versicherungen, Rating-Agenturen, marktliberal orientierte Wirtschaftsverbände, Werbe- und Consulting Firmen, private Forschungsinstitute und Think Tanks den politischen Diskurs, indessen die große Masse der Staatsbürger ihre politischen Initiativ- und Mitspracherechte kaum noch wahrnehmen kann. Einiges deutet darauf hin, dass sich die Modi der politischen Organisation und Willensbildung und damit auch die Rolle demokratisch verfasster Massenparteien grundlegend verändern. Was dies perspektivisch bedeutet, ist von Colin Crouch (2008: 96) pointiert zugespitzt worden: »Wenn wir die jüngsten Trends extrapolieren, dürfte die typische Partei des 21. Jahrhunderts eine sich selbst reproduzierende interne Elite umfassen, die weit von der Basis der Massenbewegung entfernt, gleichzeitig jedoch sehr eng mit einer ganzen Zahl von Unternehmen vernetzt ist, die wiederum die Mittel bereitstellen, mit der die Partei externe Dienstleister für Meinungsumfragen, Politikberatung und Wahlkampagnen bezahlt, im Gegenzug wird die Partei sich diesen Unternehmen erkenntlich zeigen, sobald sie die Macht erlangt.«

Kurzfristig mag sich die hier beschriebene enge, aber auch verselbstständigte Kooperation von politischen Parteien, der Privatwirtschaft und den Beratungs-Agenturen als für alle Beteiligten vorteilhaft darstellen. Mittel- und langfristig unterminiert sie jedoch die tradierten demokratischen Diskussions- und Entscheidungsverfahren. Die Kehrseite der Verselbstständigung von politischen Kooperationsnetzwerken besteht denn auch darin, dass nicht zuletzt zivilgesellschaftliche Massenorganisationen – wie Kirchen, Parteien oder Gewerkschaften – seit den 1980er Jahren an politischer Bedeutung verloren haben. Dieser Bedeutungsverlust stellt sich in den europäischen Gesellschaften etwas unterschiedlich dar (vgl. Mair 2006: 34ff.), ist aber insgesamt durch eine Reihe übergreifender Merkmale gekennzeichnet: unter anderem durch eine – selbst bei den nationalen Parlamentswahlen – deutlich zurückgehende Wahlbeteiligung; durch eine wachsende Zahl von parteipolitisch distanzierten und unzufriedenen Wechselwählern; oder durch beträchtliche Mitgliederverluste der großen Volksparteien.

4. Diskurse und Konzeptionen eines neuen Staatsinterventionismus

Der hier nur knapp skizzierte Wandel der gesellschaftlichen Kräfteverhältnisse erklärt sicherlich zu einem großen Teil, warum in der tiefen Wirtschafts- und Finanzkrise bislang kein grundlegender politischer Paradigmenwechsel, sondern allenfalls – mit Peter Hall (1993) gesprochen – ein Wandel »zweiter Ordnung«, d.h. eine Neujustierung des Sets politischer Instrumente, vollzogen wurde. Dabei hätte ein Leitbild- oder Paradigmenwechsel eigentlich nahegelegen; und vorübergehend schien es auch so, als würde eine neue, sozial und ökologisch orientierte Konzeption des Staatsinterventionismus an Zustimmung gewinnen. In dem Maße, wie die Verfechter der marktliberalen Orthodoxie von der Wucht der Finanzkrise überrascht wurden und zwischenzeitlich sprachlos waren, konnten die Vertreter eines keynesianisch inspirierten sozialökologischen Regulierungsmodells auf die Notwendigkeit lange verpönter Steuerungsinstrumente verweisen, d.h. auf staatliche Stützungsmaßnahmen des Finanzsystems bis hin zu Verstaatlichungen sowie auf die Auflage umfassender Konjunkturprogramme zur Abfederung der Wirtschaftskrise. Vor allem aber konnten sie überzeugend darlegen, dass die Finanzblase durch die wirtschaftsliberale Strategie, genauer: durch die Liberalisierung und Deregulierung der Wirtschaftsbeziehungen, die Genese eines »Kasino-Kapitalismus«, die Demontage des öffentlichen Sektors und die ernorme Ungleichverteilung des gesellschaftlichen Reichtums erst ermöglicht worden war (vgl. Habermas 2008; Bsirske 2008; Bofinger 2009).

Letztlich war diese Deutungshoheit jedoch nicht besonders stark, ausgeprägt und nachhaltig, sondern eher schwach, fragil und vorübergehend. Das Leitbild eines auf sozialen Ausgleich und ökologische Umsteuerung zielenden demokratischen Sozial- und Interventionsstaates konnte sich nicht wirklich entfalten. Stattdessen ist es den maßgeblichen Entscheidungsträgern – ungeachtet der Tiefe der Krise – recht gut gelungen, einen klaren Kurswechsel in der politischen Praxis abzuwehren, d.h. die situationsbedingten staatsinterventionistischen Erfordernisse mit der Grundkonzeption einer marktliberalen Modernisierungsstrategie in Übereinstimmung zu bringen. Mehr noch, die Krise wurde von marktliberaler Seite allmählich auch programmatisch-offensiv verarbeitet. Zumindest mehrten sich die Versuche, das Leitbild eines »schlanken Wettbewerbsstaates« durch konzeptionelle Anpassungs- und Erweiterungsprozesse zu verteidigen. So wurde argumentiert, dass ein marktliberaler Ordnungsrahmen nach wie vor überlegen ist, zugleich aber unter außergewöhnlichen Bedingungen wie der globalen Wirtschafts- und Finanzkrise, d.h. einem politökonomischen »Ausnahmezustand« (vgl. Wohlgemuth 2009), die staatlichen Interventionskompetenzen punktuell und begrenzt zu erweitern sind. Der Staat ist dann nicht nur als ordnende Hand, sondern auch als eine Art »Katastrophenschützer« gefragt (vgl. Koch 2008; Ackermann 2009).

Um es deutlich zu formulieren: Einerseits haben in dieser Perspektive wesentliche Kernelemente des Leitbildes eines »schlanken Staats«, also die Prozesse der »Entstaatlichung« oder Privatisierung, der arbeits- und sozialpolitischen Flexibilisierung und Deregulierung sowie der finanzpolitischen Konsolidierung, nach wie vor Bestand. Andererseits wird aber auch die Möglichkeit, genauer: sogar die Notwendigkeit der staatlichen Intervention und Korrektur ökonomischer Prozesse erkannt. Im Zentrum der Diskussion über den um die Katastrophenschutzfunktion erweiterten Wettbewerbsstaates stehen vor allem drei Aspekte:

Erstens wird von marktliberaler Seite eine spezifische Krisendiagnose verfochten. Diese wendet sich explizit gegen die geläufige Sichtweise, dass die Eigendynamik der Finanzmärkte für die aktuellen Krisenprozesse verantwortlich zu machen ist. Es wird vielmehr deren politische Regulierung – und damit die Staatsverantwortung – ins Visier genommen. Der Blick richtet sich dabei einerseits auf die defizitären institutionellen und rechtlichen Rahmenbedingungen (vgl. Koch 2008; Westerwelle 2009), andererseits aber auch auf die expansive Geldpolitik der US-amerikanischen Zentralbank (vgl. Straubhaar et al. 2009: 24f.). Diese beiden Hinweise sind keineswegs unzutreffend. Sie tendieren jedoch in dem Maße zur Verzerrung, wie die gesellschaftlichen Kräfte, insbesondere die marktliberal und finanzkapitalistisch dominierten Netzwerke, die ihrerseits die staatlichen Regulierungs- und Steuerungsdefizite erzeugt haben, nicht thematisiert werden.

Mit der Krisendiagnose korrespondiert zweitens eine politisch-strategische Orientierung, die mittel- und langfristig vor ambitionierten staatlichen Steuerungs- und Interventionsempfehlungen warnt. Kurzfristig wird ein starkes und umfassendes Eingreifen des Staates jedoch als unabdingbar betrachtet, oder wie Roland Koch (2008) formuliert: »Der Staat ist jetzt [in der Krise, H.-J.B.] als Katastrophenschützer tätig, und das Wort Katastrophe ist dabei wörtlich zu nehmen. Ein Übergreifen der Finanzkrise auf die Realwirtschaft würde zu Unternehmenspleiten, Millionen von Arbeitslosen allein in Deutschland und zu einem Zerfall des staatlichen Steueraufkommens mit allen Folgen für die Stabilität einer modernen Demokratie führen.«

Die plötzliche Wiederentdeckung unterschiedlicher staatsinterventionistischer Instrumente – von den staatlichen Rettungspaketen für Finanzinstitute über die extensive Liquiditätsversorgung durch die Zentralbanken und Finanzministerien bis hin zu umfangreichen Konjunkturprogrammen – wird von einer Renaissance keynesianischer Konzeptionen begleitet. Diese bleibt, genauer betrachtet, jedoch sehr vordergründig und verengt. Wenn sich die Verfechter einer marktliberalen Staatskonzeption überhaupt auf Keynes beziehen, dann allenfalls auf dessen kurzfristig angelegte Überlegungen zur konjunkturellen Steuerung (vgl. Straubhaar et al. 2009: 26), um zugleich die Konzepte eines mittel- und langfristig regulierten gesellschaftlichen Strukturwandels (so etwa Zinn 2008) zurückzuweisen.

Drittens sprechen sich denn auch die Vertreter einer markt- bzw. ordoliberalen Wirtschafts- und Staatskonzeption für einen möglichst bald einzuleitenden Rückzug des Staates aus, so auch Roland Koch (2008): »Wie in jeder Katastrophe darf der Staat retten, aufräumen, wiederaufbauen. Dann aber muss er wieder heraus aus den wirtschaftlichen Prozessen des Tages und zurück in die Schranken des Regelwerkes. Bei der Klärung der Frage, wer von wem wofür welchen Preis verlangt, wird der Staat nicht gebraucht, ja er versteht davon nichts. Andernfalls wurde die Katastrophe zum Prinzip.«

In diesem Sinne soll sich der Staat denn auch ganz auf zwei Aufgaben konzentrieren. Zum einen geht es darum, die Finanzmärkte strenger und effektiver zu regulieren, um zukünftige Finanzblasen zu verhindern; und zum anderen soll die in der Krise sprunghaft angestiegene Staatsverschuldung (vgl. Tabelle 3) möglichst schnell begrenzt und wieder reduziert, d.h. auf fortlaufende Konjunktur- und Infrastrukturprogramme verzichtet werden. So wird in den maßgeblichen internationalen Diskussions- und Verhandlungsforen wie der EU oder der G8 in dem Maße, wie sich die konjunkturellen Perspektiven aufhellen, seit einiger Zeit über eine so genannte Exit-Strategie diskutiert, d.h. über den frühzeitigen Ausstieg aus einem aktiven staatlichen Krisenmanagement und die Rückkehr zur finanzpolitischen Konsolidierung.

Tabelle 3: Staatsdefizite (in % des BIP) in Euroland – Herbstprognose vom 22.10.2009

Land	2009	2010
Griechenland	-12,7%	-12,2%
Irland	-12,5%	-14,7%
Spanien	-11,2%	-10,1%
Frankreich	-8,3%	-8,2%
Portugal	-8,0%	-8,0%
Slowenien	-6,3%	-7,0%
Slowakei	-6,3%	-6,0%
Belgien	-5,9%	-5,8%
Italien	-5,3%	-5,3%
Niederlande	-4,7%	-6,1%
Österreich	-4,3%	-5,5%
Malta	-4,5%	-4,4%
Zypern	-3,5%	-5,7%
Deutschland	-3,4%	-5,0%
Finnland	-2,8%	-4,5%
Luxemburg	-2,2%	-4,2%
Euro-Zone	-6,4%	-6,9%

Quelle: Europäische Kommission/Frankfurter Rundschau, 10.12.2009

5. Ausblick

Die skizzierten Überlegungen, einschließlich der zuletzt artikulierten Exit-Strategie, entsprechen weitgehend den Interessen der transnationalen Unternehmen, Großbanken und Geldvermögensbesitzer. Erstere befürchten eine prospektiv inflationsinduzierte Beeinträchtigung ihrer Wettbewerbsposition, letztere eine inflationäre Entwertung ihres monetären Besitzes. Doch nicht nur diese, auch andere gesellschaftliche Akteursgruppen können dem Leitbild des um die Katastrophenschutzfunktion erweiterten Wettbewerbsstaates wie auch der hiermit verbundenen praktischen Politik durchaus etwas abgewinnen. Große Teile der abhängig Beschäftigten profitieren in Deutschland z.B. von der nochmals verlängerten Kurzarbeits-Regelung und spezifischen Elementen des Konjunkturprogramms, sind aber ebenso besorgt, dass die finanzielle Überforderung des Staates eine strukturelle Destabilisierung der Ökonomie nach sich ziehen könnte. Dies gilt in besonderem Maße für die Bezieher von (Alters-)Renten, deren Einkünfte durch eine beschleunigte

Geldentwertung geschmälert werden dürften. Da auch weitere soziale Gruppen Wohlstandseinbußen befürchten, begünstigt die kriseninduzierte Verunsicherung tendenziell eine konservative Grundhaltung, die sich auch im – relativen – Erfolg des oben skizzierten Leitbildes widerspiegelt.

Neben den materiellen Faktoren sollten aber auch die ideologisch-diskursiven Prozesse, über die große Teile der Gesellschaft in das propagierte Staats- und Wirtschaftsmodell eingebunden werden, nicht unterschätzt werden. Sie beruhen wesentlich darauf, dass bestimmte historische Erfahrungen – unter anderem das sozial vererbte kollektive Trauma der Hyperinflation in den frühen 1920er Jahren – oder auch spezifische politisch-kulturelle, im öffentlichen Diskurs verankerte Begrifflichkeiten – wie z.B. das ordoliberal eingefärbte Konzept der »sozialen Marktwirtschaft« – gleichsam kollektiv identitätsbildend sind und fortwährend modernisiert und reproduziert werden. Hinzu kommt die – zumindest vorübergehende – Hegemonie eines marktliberalen Diskurses, der nicht zuletzt die Mentalitäten und Sichtweisen der jüngeren Generationen stark geprägt hat. So tragen die Kommerzialisierung des Alltagslebens und die Verallgemeinerung besitzindividualistischer Denkfiguren und Begrifflichkeiten mit dazu bei, dass – selbst in Krisenzeiten – kaum gesellschaftspolitische Alternativkonzeptionen entwickelt werden (vgl. Klages 2009: 102ff.).

Letztlich vollzieht sich die Reproduktion marktliberaler Deutungs- und Staatskonzeption aber keineswegs krisen- und widerspruchsfrei. Im Gegenteil, die globale Wirtschafts- und Finanzkrise bildet – noch immer – eine substanzielle Herausforderung für die bis dahin vorherrschenden Sichtweisen und Interpretationen; und selbst die Krisenüberwindungsstrategie erzeugt bereits absehbare neue Krisenprozesse. Die Entwicklung der Staatsfinanzen weist jedenfalls in Richtung einer zeitlichen Verschiebung und räumlichen Verlagerung der Krisendynamik. Die zeitliche Verschiebung besteht darin, dass der sprunghafte Anstieg der Staatsverschuldung mittel- und langfristig eine Gegenfinanzierung verlangt, die ihrerseits verschärfte Verteilungs- und möglicherweise auch Ordnungskonflikte provoziert. Damit einher geht zugleich eine räumliche Verlagerung, d.h. die Krisenprozesse wandern aus der Ökonomie ins politische System, was tendenziell auch eine zunehmende Politisierung der Krisen begünstigt. Ob und in welchem Maße die unterschiedlichen sozialen Gruppen in der Lage sind, im Krisenverlauf ihre Interessen effektiv und überzeugend zu artikulieren, lässt sich nur schwer prognostizieren. Ungeachtet der fortbestehenden, oben skizzierten Machtasymmetrien ist den gesellschaftlichen Auseinandersetzungen nämlich eine prinzipielle Kontingenz eingeschrieben, die auch überraschende politische Wendungen möglich macht.

Literatur

Ackermann, Josef (2009): Der Staat muss als letzter Retter bereitstehen, Interview in Handelsblatt vom 9. März.

Aglietta, Michel (2000): Ein neues Akkumulationsregime. Die Regulationstheorie auf dem Prüfstand, Hamburg: VSA.

Ahmia, Tarik (2008): Das Schweigen der Ökonomen; in: taz vom 20./21. Dezember.

Altvater, Elmar (2009): Die kapitalistischen Plagen. Energiekrise und Klimakollaps, Hunger und Finanzchaos; in: Blätter für deutsche und internationale Politik 54(3), 45-59.

Bieling, Hans-Jürgen (2009a): »Privat vor Staat«? Zur Entwicklung politischer Leitbilder über die Rolle des Staates; in: WSI-Mitteilungen 62(5), 235-242.

Bieling, Hans-Jürgen (2009b): Wenn der Schneeball ins Rollen kommt: Überlegungen zur Dynamik und zum Charakter der Subprime-Krise; in: Zeitschrift für Internationale Beziehungen 16(1), 107-121.

Bofinger, Peter (2009): Für eine neue Balance von Staat und Markt; in: FR vom 7. April.

Boyer, Robert (2000): Is a finance-led growth regime a viable alternative to Fordism? A preliminary analysis; in: Economy and Society 29(1), 111-145.

Bsirske, Frank (2008): Die Richtung ändern, in: ver.di Publik, November.

Castel, Robert/Dörre, Klaus (Hrsg.) (2009): Prekarität, Abstieg, Ausgrenzung – Die soziale Frage am Beginn des 21. Jahrhunderts, Frankfurt a.M.: Campus.

Cockett, Richard (1994): Thinking the Unthinkable. Think-Tanks and the Economic Counter-Revolution, 1931-1983, London: HarperCollins.

Crouch, Colin (2008): Postdemokratie, Frankfurt a.M.: Suhrkamp.

Dörre, Klaus (2005): Entsicherte Arbeitsgesellschaft. Politik der Entprekarisierung; in: Widerspruch 25(2), 5-18.

Dörre, Klaus (2007): Einführung: Gewerkschaften und kapitalistische Landnahme: Niedergang oder strategische Wahl?; in: Geiselberger, Heinrich (Hrsg.): Und jetzt? Politik, Protest und Propaganda, Frankfurt a.M.: Suhrkamp, 53-78.

Epstein, Gerald A. (2005): Introduction: Financialization and the World Economy; in: Epstein, Gerald A. (Hrsg): Financialization and the World Economy, Northampton, MA: Edward Elgar, 3-16.

Foucault, Michel (2000): Die Gouvernementalität; in: Bröckling, Ulrich/Krasmann, Susanne/Lemke, Thomas (Hrsg.): Gouvernementalität der Gegenwart. Studien zur Ökonomisierung des Sozialen, Frankfurt a.M.: Suhrkamp, 41-67.

Gowan, Peter (1999): The Global Gamble. Washington's Faustian Bid for World Dominance, London/New York: Verso.

Gramsci, Antonio (1991ff.): Gefängnishefte, Hamburg: Argument Verlag.

Habermas, Jürgen (1992): Faktizität und Geltung. Beiträge zur Diskurstheorie des

Rechts und des demokratischen Rechtsstaats, Frankfurt a.M.: Suhrkamp.
Habermas, Jürgen (2008): Nach dem Bankrott. Der Privatisierungswahn ist an sein Ende gekommen. Nicht der Markt, sondern die Politik ist für das Gemeinwohl zuständig, Interview in: Die ZEIT vom 6. November.
Hall, Peter (1993): Policy Paradigms, Social Learning and the State; in: Comparative Politics 25(3), 275-296.
Hall, Stuart (1989): Antonio Gramscis Erneuerung des Marxismus und ihre Bedeutung für die Erforschung von »Rasse« und Ethnizität; in: ders.: Ausgewählte Schriften. Ideologie, Kultur, Medien, Neue Rechte, Rassismus, Hamburg/Berlin: Argument Verlag, 56-91.
Janszen, Eric (2008): Die Bubble-Ökonomie. Wie man die Märkte für den großen Crash von morgen präpariert; in: Blätter für deutsche und internationale Politik 53(5), 49-62.
Klages, Johanna (2009): Meinung – Macht – Gegenmacht. Die Akteure im politischen Feld, Hamburg: VSA.
Koch, Roland (2008): Versagt hat nicht die Marktwirtschaft, in: FAZ vom 22. Oktober.
Kronauer, Martin (2008): Verunsicherte Mitte, gespaltene Gesellschaft; in: WSI-Mitteilungen 61(7), 372-378.
Langley, Paul (2008): The Everyday Life of Global Finance: Saving and Borrowing in Anglo-America, Oxford, New York: Oxford University Press.
Nölke, Andreas (2009): Finanzkrise, Finanzialisierung und die kapitalistische Vielfalt; in: Zeitschrift für Internationale Beziehungen 16(1), 123-140.
Mair, Peter (2006): Ruling the void? The Hollowing of Western Democracy; in: New Left Review No. 42, 25-51.
Polanyi, Karl (1977) [1944]: The Great Transformation. Politische und ökonomische Ursprünge von Gesellschaften und Wirtschaftssystemen, Wien: Europa Verlag.
Sablowski, Thomas (2009): Die Ursachen der neuen Weltwirtschaftskrise; in: Kritische Justiz 42(2), 116-131.
Schneider, Heinrich (1992): Europäische Integration: die Leitbilder und die Politik; in: Kreile, Michael (Hrsg.): Die Integration Europas, PVS-Sonderheft 23, Opladen: Westdeutscher Verlag, 3-35.
Silver, Beverly J. (2003): Forces of Labor. Workers' Movements and Globalization since 1870, Cambridge: Cambridge University Press.
Stockhammer, Engelbert (2007): Charakteristika eines finanzdominierten Akkumulationsregimes in Europa; in: WSI-Mitteilungen 60(12), 643-649.
Straubhaar, Thomas/Wohlgemuth, Michael/Zweynert, Joachim (2009): Rückkehr des Keynesianismus: Anmerkungen aus ordnungspolitischer Sicht; in: Aus Politik und Zeitgeschichte, Heft 20, 19-26.
van Apeldoorn, Bastiaan/Horn, Laura (2007): The Marketisation of Corporate Control: A Critical Political Economy Perspective; in: New Political Economy 12(2), 211-235.

Wefing, Heinrich (2008): Gestatten, ich bin der Staat; in: Die ZEIT vom 23.10.2008.
Westerwelle, Guido (2009): Der starke Staat ist schlank; in: FR vom 8. April.
Windolf, Paul (Hrsg.) (2005): Finanzmarkt-Kapitalismus. Analysen zum Wandel von Produktionsregimen, KZfSS, Sonderheft 45, Wiesbaden: VS-Verlag.
Wohlgemuth, Michael (2009): Die politische Ökonomie des Ausnahmezustands; in: Wirtschaftsdienst, Heft 4, 219-223.
Zinn, Karl Georg (2008): Die Keynessche Alternative, Hamburg: VSA.

Stefanie Wöhl

Die Sozial- und Beschäftigungspolitik der Europäischen Union in der Krise

Einleitung

Als wirtschaftspolitisches Projekt gedacht, das nach dem Zweiten Weltkrieg Frieden in Europa und einen regen Handel zwischen den einzelnen Mitgliedstaaten ermöglichen wollte, sollte der europäische Integrationsprozess sowohl im sozialen, politischen und ökonomischen Bereich Nachhaltigkeit, neue Arbeitsplätze und Wirtschaftswachstum garantieren. Davon scheinen wir heute, im Jahr 2010, weit entfernt zu sein, betrachtet man den realen Rückgang des BIP in Deutschland, die Staatsverschuldung und die steigenden EU-weiten Arbeitslosenzahlen.[1] Eine konjunkturelle Erholung zeichnet sich gerade erst ab, wobei das BIP EU-weit lediglich 0,5% betragen soll. Von Wachstum kann daher keine Rede sein.

Bereits in der Vergangenheit wurde wenig in die sozialpolitischen Bereiche wie Arbeitsmarkt- und Beschäftigungspolitik im Vergleich zu den wirtschaftspolitischen Projekten investiert, die innerhalb der EU seit Anfang der 1990er Jahre forciert wurden. Von einer Rückkehr des Staates im Bereich der Sozial- und Arbeitsmarktpolitik kann daher nicht gesprochen werden, auch wenn neue Arbeitsplätze – zumeist in atypischer Beschäftigung oder Teilzeit – geschaffen wurden in den letzten zehn Jahren.

Ich werde im Folgenden am Beispiel der Sozial- und Beschäftigungspolitik die Kompetenzverteilung der EU und ihrer Institutionen gegenüber den Mitgliedstaaten erläutern und sie in einen Zusammenhang mit der Wirtschafts- und Finanzmarktpolitik rücken, die ja von aktuellster Relevanz ist. Zu Beginn werde ich einen Überblick der Wirtschafts- und Währungsunion in den 1990er Jahren geben, da diese den Integrationsprozess hauptsächlich

---

[1] Die Situation auf dem Arbeitsmarkt verschlechterte sich 2008 in den meisten Mitgliedstaaten. Das Beschäftigungswachstum, das erst mit einer gewissen Verzögerung auf Veränderungen des BIP-Wachstums reagiert, war mit einem Abbau von 3,5 Millionen Arbeitsplätzen in der EU 2008 negativ. Damit stieg die Arbeitslosenquote in der EU 2009 auf 8,75% (im Euroraum auf 9,25%). Quelle: http://europa.eu/rapid/pressReleasesAction.do?reference=IP/09/67&format=HTML&aged=0&language=DE&guiLanguage=en [Zugriff: 23.5.2010].

nach ihren Kriterien hegemonial gestaltete. Im Anschluss werde ich speziell die Arbeitsmarkt- und Beschäftigungspolitik fokussieren und ihre geschlechtsspezifischen Implikationen verdeutlichen.

1. Die Wirtschafts- und Währungsunion im Europäischen Integrationsprozess

Seitdem die festen Wechselkurse auf den Weltmärkten nach dem Ende des Bretton-Woods-Systems in den 1970er Jahren entfielen, entwickelte sich auch in der EU eine Form flexibler Akkumulation. Hatte unter der fordistischen Produktionsweise noch ein Ausgleich zwischen den nationalen Ökonomien eine gewisse Bedeutung, wurden durch die Liberalisierung der Finanzmärkte in den 1970/80er Jahren die nationalen Ökonomien mit einem Restrukturierungsprozess konfrontiert, der zu einer Umorientierung der Sozialsysteme und einer nationalen Standort- und Wettbewerbspolitik führte. Im europäischen Integrationsprozess machte sich dies durch eine wettbewerbsstaatliche Integrationsweise deutlich, die die bisherigen nationalen keynesianisch geprägten wohlfahrtsstaatlichen Politiken ablöste (vgl. Ziltener 1999; Karras/Schmidt 2004). Zugleich wurden nicht-tarifäre Handelshemmnisse beseitigt und das umfassende Prinzip wechselseitiger Anerkennung nationaler Regulierungsstandards eingeführt. Dabei blieb das Subsidiaritätsprinzip besonders in der Sozialpolitik erhalten. Dies bedeutet, dass die nächsthöhere Ebene immer nur dann steuernd eingreift, wenn dies nötig scheint.

Mit dem Ziel einer anzustrebenden Wirtschafts- und Währungsunion (WWU) in der EU wurden 1988 im Bericht von Jacques Delors, dem damaligen Kommissionspräsidenten, noch verteilungspolitische Elemente fokussiert, um regionale Disparitäten in der wirtschaftlichen Entwicklung berücksichtigen zu können. Mit dem Vertrag von Maastricht 1992 wurden jedoch gerade diese Elemente nicht weiter vorangetrieben, sondern der Fokus lag nun auf der Stabilität der zukünftigen gemeinsamen Währung und den damit verbundenen engen Konvergenzkriterien.[2] Das politisch proklamierte

[2] Diese beinhalten, dass die Inflation in den Mitgliedstaaten niedrig gehalten werden und Preisstabilität garantiert werden soll. Die Haushaltsdefizite der Mitgliedstaaten sollten auf ein stabilitätspolitisches Maß reduziert werden und 3% des Bruttoinlandproduktes (BIP) der Nationalstaaten nicht überschreiten. Alle noch bestehenden Kapitalverkehrsbeschränkungen sollten aufgehoben werden, um einen vollständigen Binnenmarkt zu ermöglichen (Ziltener 1999).

Ziel, durch die Wirtschafts- und Währungsunion auch ein gemeinsames europäisches Bewusstsein bei den Bürgerinnen und Bürgern zu schaffen, war demgegenüber nur der begleitende Diskurs, der für die Zustimmung zum Maastrichter Vertrag nötig war, um die politische Legitimation der marktkonformen Kernprojekte abzusichern.

Unter Druck der deutschen Verhandlungspartner, vor allem dem ehemaligen Chef der Deutschen Bundesbank Hans Tietmeyer, konnten letztlich im Maastrichter Vertrag rein monetär definierte Kriterien für den Beitritt zur Währungsunion festgelegt werden. Die politische Unabhängigkeit der Europäischen Zentralbank von politischen Gremien wurde zudem weitestgehend garantiert. Durch die Unabhängigkeit der EZB von den europäischen Regierungen und der EU-Kommission und durch Kapitel 2, Artikel 105 des Amsterdamer Vertrages wird zudem der Preisstabilität nach wie vor Vorrang zu anderen Zielen eingeräumt (vgl. Maier 2002: 169).

Diese monetaristisch ausgerichtete Wirtschaftspolitik sollte die internationale Wettbewerbsfähigkeit europäischer Unternehmen garantieren und durch den freien Binnenmarkt deren Flexibilität und Standortvorteile sichern. Durch die Schaffung eines einheitlichen Binnenmarktes sollten so freier Waren-, Personen-, Dienstleistungs- und Handelsverkehr ermöglicht werden, die vier Grundfreiheiten des Maastrichter Vertrages (vgl. Karras/Schmidt 2004). Dementsprechend sind Standortvorteile dann gegeben, wenn die Lohn-Preis-Flexibilität so gestaltet wird, dass eine Lohnflexibilität nach unten ermöglicht wird (Schulten 2004). Durch den Binnenmarkt, die WWU und zuletzt durch die Finanzmarktintegration und wiederholten Vertragsrevisionen ist so der wettbewerbstaatliche Charakter der EU in den 1990er Jahren sukzessive ausgebaut worden. Durch Kompetenzübertragungen, die Aufwertung von Kommission und Europäischem Parlament und durch qualifizierte Mehrheitsentscheidungen[3] ist die supranationale Ebene stark aufgewertet worden, ohne jedoch demokratisch und sozial orientierten Konzepten neuen Raum zu verschaffen. Das Scheitern von Jacques Delors Projekt als Kommissionspräsident Ende der 1980er wurde bis heute nicht durch eine aktive Sozialpolitik ersetzt (Tidow 1999a; Beveridge/Velluti 2008). Außer der Richtlinie zur Schaffung europäischer Betriebsräte von 1996 und das Diskriminierungsverbot von Frauen auf dem Arbeitsmarkt hat die Kommission wenig für den Ausbau sozialstaatlicher Komponenten in den 1990er Jahren getan. Selbst durch das Weißbuch zu mehr »Wachstum, Wettbewerbsfähigkeit und Beschäftigung« von 1993 ergab sich keine Dynamik im sozialen

[3] D.h. eine Mehrheit von 55% der Mitglieder des Ministerrates, gebildet aus mindestens 15 Mitgliedern, sofern diese einen Bevölkerungsanteil von 65% abbilden.

Dialog (Scharpf 1999; 2002). Auch in den Folgeverträgen von Amsterdam 1997, Nizza 2003 und Lissabon 2009 sind die sozialen Komponenten der EU dem Primat der Wettbewerbsfähigkeit untergeordnet worden. Diese politische Entkoppelung von sozialer Protektion und wirtschaftlicher Integration hat zu einer strategischen Selektivität des Integrationsmodus geführt, der von Liberalisierungsprozessen und Wettbewerbsfähigkeit gerahmt wird. Auf nationalstaatlicher Ebene haben die sozialen und wirtschaftsbezogenen Politikfelder zwar noch dieselbe konstitutionelle Bedeutung, während sie sich jedoch europäischem Recht unterordnen müssen (Scharpf 2002).

Über diese Konstitutionalisierung marktliberaler Wettbewerbsimperative und monetaristischer Zwänge wurden alternative sozialpolitische Entwicklungsoptionen in den Mitgliedstaaten substanziell eingeengt. Im Kern hat sich die EU damit von einem Stabilisierungsregime, das die nationalen wohlfahrtsstaatlichen Entwicklungsmodelle absicherte, zu einem Modernisierungs- und Wettbewerbsregime entwickelt, das die nationalen Reorganisationsprozesse nach Maßgabe neoliberaler Deregulierungs- und Flexibilisierungskonzepte zusätzlich vorantreibt (Ziltener 1999). Dieser Entwicklungspfad der EU bedeutet, dass diese Form der Wettbewerbspolitik auf Dauer institutionell durch EU-Vorgaben und -Institutionen festgeschrieben wird und sich demokratischer Kontrolle weitestgehend entzieht (vgl. Gill 1998). Wettbewerbsfähigkeit muss daher ständig garantiert werden, um die Vertragsgrundlagen zu erfüllen. Dies hat besonders im öffentlichen Sektor dazu geführt, dass defizitäre nationale Haushalte nicht mehr nationalstaatliche Maßnahmen ergreifen können, um wirtschaftliche Stagnation zu vermeiden (Scharpf 2002: 648ff.). Welche Auswirkungen dies im Rahmen der europäischen Beschäftigungsstrategie auf die Mitgliedstaaten hat, soll im folgenden Abschnitt dargestellt werden.

2. Die Europäische Beschäftigungsstrategie und -politik

Die Entwicklung hin zu einer europäischen Beschäftigungsstrategie (EBS) in den 1990er Jahren wird als Bestätigung der These gelesen, dass die EBS eine Reaktion auf die Anfang der 1990er Jahre bestehende Krise nationaler Wirtschaftspolitik war und somit nur als Ergänzung des Binnenmarktprojektes und der Währungsunion anzusehen ist (Tidow 2003; Scharpf 2002; Talani 2004). Die Erwartung, dass sich die Arbeitslosigkeit halbieren lassen könnte, trat zudem nicht ein. Die in der »Post-Maastricht Krise« (vgl. Deppe/Felder 1993) bestehenden Legitimationsprobleme der Europäischen Union, die an mangelnder Akzeptanz litt und die schwankende öffentliche

Zustimmung der Bevölkerung in einigen Mitgliedstaaten, ließ eine Kurswende gerade im Bereich der Sozialpolitik notwendig werden. Die Kommission reagierte 1993 mit dem Weißbuch zu mehr »Wachstum, Wettbewerbsfähigkeit und Beschäftigung«, um die soziale Dimension in den Augen der Öffentlichkeit nicht zu vernachlässigen und Legitimität zurückzugewinnen. So wurden auch im Beschäftigungssektor flankierende Maßnahmen initiiert, die den Ausbau des Bildungssektors betrafen und neue Investitionen der Mitgliedstaaten unterstützen sollten.

Der Europäische Sozialfonds (ESF) sollte regionale Entwicklungen ankurbeln und Projekte fördern, die an der Schnittstelle von Bildung und Beschäftigung angesiedelt waren. Eine auf Humanressourcen und auf die bessere Qualifikation von Arbeitskräften ausgerichtete Arbeitsmarktreform war damit noch intendiert, die sich jedoch in den folgenden Entwicklungen nicht durchsetzen konnte. Gleichzeitig scheiterten Richtlinienvorschläge, die besonders die Beschäftigungssituation von Frauen verbessern sollten (Hoskyns 1996). Auch im weiteren Verlauf des Integrationsprozesses wurde die Beschäftigungspolitik den hegemonialen Projekten der Wirtschafts- und Währungsunion untergeordnet. Beschäftigungspolitik blieb im Bereich nationaler Verantwortung und auch die Folgegipfel von Essen (1994), die intergouvernementale Konferenz und der Amsterdamer Gipfel (1997), der im Amsterdamer Vertrag mündete, sahen zwar eine neue Beschäftigungsstrategie vor, die sich aber nur im engen Rahmen der Konvergenzkriterien bewegte und in Leitlinien in der Beschäftigungspolitik für die Mitgliedstaaten erschöpfte. Der bestehende strukturelle Zusammenhang von makroökonomischen Politiken und Beschäftigung wurde nicht detaillierter thematisiert (Hoskyns 2008).

Aufgrund des Stabilitäts- und Wachstumspaktes (1996) und dem Ziel einer niedrigen und stabilen Inflationsrate haben auch die Gewerkschaften einen begrenzten Handlungsspielraum erhalten: Der Effekt, der sich hieraus für die Investitionsentscheidungen der Unternehmen ergibt sowie die Abwanderungstendenzen in Niedriglohnländer und der damit einhergehende Verlust von Arbeitsplätzen hat zu einer Neujustierung von gewerkschaftlichen Positionen und ihrem machtpolitischen Einfluss geführt (vgl. Ryner/Schulten 2003; Schulten 2004). Die korporatistischen Strukturen wurden dabei in der Bundesrepublik Deutschland und in Österreich z.B. jedoch gerade dafür genutzt, die Gewerkschaften zu schwächen und auf die Flexibilisierung von Arbeitsverträgen und Tarifverträgen in einen konsensualen Dialog zu setzen. Die Entwicklung, die schließlich zur Währungsunion 1999 führte, hatte wesentliche Konsequenzen für die Beschäftigungsverhältnisse, da die Mitgliedstaaten an die rigiden Konvergenzkriterien gebunden sind.

Inwiefern beeinflusst jedoch die WWU nun konkret die Arbeitsmarkt- und Beschäftigungspolitik?

Aufgrund der Veränderungen im Kreditwesen und der Verschiebung hin zu mehr privaten Kapitalanlagen ist die Wechselkursstabilität zum höchsten Kriterium in den nationalen Finanzpolitiken geworden. Auch die Beschäftigungspolitik muss sich diesem Ziel unterordnen. Internationale Kapitalmobilität infolge der Abschaffung von Kapitalverkehrskontrollen bzw. zugunsten der Geldvermögensbesitzer veränderte Kräfteverhältnisse haben die Geldwertstabilität daher wichtiger werden lassen. Das Kriterium der Währungsstabilität, das vor allem von Deutschland vorangetrieben wurde, und die niedrige Inflationsrate, sollten die nationalen Ökonomien stabilisieren. Jedoch war diese Politik in der Bundesrepublik Deutschland auch mit einer sinkenden Kaufkraft und Nachfrage verbunden. Die Privatisierung bisheriger öffentlich finanzierter wohlfahrtsstaatlicher Leistungen wie die Renten- und Pflegeversicherung ist besonders für Frauen zum Nachteil, zumal sie nicht auf einen ausgebauten öffentlichen Sektor von Betreuungseinrichtungen zurückgreifen können. Diese Versorgungslücke weist nicht nur einen geschlechtsspezifischen, sondern auch einen klassen- und ethniespezifischen Bias auf. Denn für die Putz-, Sorge- und Pflegearbeit von Angehörigen oder Kindern von in Vollzeit beschäftigten Frauen kommen zumeist Migrantinnen auf.

Die Politik der Wechselkurs- und Preisstabilität,[4] die Konvergenzkriterien von Maastricht sowie die Zinspolitik der Europäischen Zentralbank haben so direkt maßgeblichen Einfluss auf die nationale Beschäftigungs- und Lohnpolitik. Niedrige Wachstumsraten aufgrund sinkender Nachfrage und bestehende hohe Arbeitslosigkeit in Deutschland z.B. haben die Staatsverschuldung und die Sozialsysteme nicht konsolidieren können. Der Entwicklung der sozialen Integration stehen die zunehmende Privatisierung der sozialen Sicherungssysteme sowie die hierarchische Struktur der verschiedenen Märkte entgegen.

Dieser Entwicklung war bereits eine nach unten gedrückte Lohnpolitik vorausgegangen, gegen die die Gewerkschaften europaweit aufgrund des sinkenden Lohnniveaus und dem Druckmittel der Produktionsverlagerung nur schwer entgegensteuern konnten. Eine gemeinsame Lohnpolitik in Form von Flächentarifverträgen konnte bisher nicht erreicht werden. Die Diskussion um betriebsinterne Haustarife ist zudem immer noch durch die Arti-

[4] Der Geldwert hat zwei Dimensionen für den Nationalstaat: Intern soll er für Preisstabilität (und geringe Inflation) sorgen, extern soll er stabile Wechselkurse garantieren (vgl. Herr 2004).

kulation der Wirtschaftsverbände im öffentlichen Diskurs in Deutschland als Forderung präsent, zumal gerade in Ostdeutschland viele Unternehmen nicht mehr in den Arbeitgeberverbänden organisiert sind. Die seit 1992 forcierte Binnenmarktstrategie und deren rechtliche Verankerung im Vertrag von Maastricht förderte zudem eine Politik der Deregulierung, Flexibilisierung von Beschäftigungsverhältnissen und Arbeitszeiten und setzte die bisherigen wohlfahrtsstaatlichen Leistungen diskursiv in einen wirtschaftspolitischen Legitimationszwang. Dies drückt sich einerseits in den mangelnden Richtlinien in diesen Sektoren aus: In der Beschäftigungspolitik gibt es abgesehen von einigen Richtlinien nur beschäftigungspolitische Leitlinien. Nur einzelne Felder der Arbeitsmarkt- und Beschäftigungspolitik wurden bisher durch Richtlinien konkreter und verbindlich reguliert.

Auf dem Luxemburger Gipfel wurde das Beschäftigungskapitel des Amsterdamer Vertrages zwar durch die Offene Methode der Koordinierung (OMK) konkretisiert, jedoch ist die Abstimmung zwischen der Geld-, Zins- und Haushaltspolitik mit der Beschäftigungsstrategie bis heute nicht effektiv koordiniert worden (Kasten/Soskice 2001; Koll 2004; Hein/Niechoj/Schulten/Truger 2004). Da die Lohnfindung in den Mitgliedstaaten von den Sozialpartnern weiterhin national geregelt wird, sollte ein makroökonomischer Dialog die fortbestehenden wirtschaftspolitischen Probleme der WWU abfedern: der hohen Arbeitslosigkeit und niedrigen Beschäftigungsquoten in den Mitgliedstaaten, sowie einem drohenden innereuropäischen Wettbewerb mittels Steuer-, Lohn- und Sozialstandardsenkung sollte so begegnet werden. Zusätzlich wurde durch die Strukturfondsreform die Verknüpfung von Struktur- und Beschäftigungspolitik eingeleitet und somit die Strukturpolitik der EU erstmalig mit den beschäftigungspolitischen Zielen koordiniert.

Andererseits wurden im Folgevertrag von Nizza 2003 und in der Lissabonstrategie 2000 sowie in der Halbzeitbilanz der Lissabonstrategie 2005 keine neuen sozialpolitischen Komponenten forciert. Vielmehr zeigt sich auch in der revidierten Lissabonstrategie aus dem Jahr 2005, die vor allem auf Wettbewerbsfähigkeit hin orientiert ist, dass die Beschäftigungspolitik weiter an Bedeutung verliert trotz gegenteiliger Proklamation. Das Ziel einer koordinierten Strategie aus Wettbewerbs-, Beschäftigungs- und Sozialpolitik, die aufeinander abgestimmt werden sollten, kann daher als gescheitert gelten. Als die EU-Kommission vom 20.-23. März 2005 in Brüssel eine Halbzeitbilanz der Lissabonstrategie zog, musste dies ernüchternd festgestellt werden (vgl. Kok-Bericht 2005). Nur die Hälfte der vorgegebenen Ziele wurde erreicht: Weder hatte die EU den Wachstumsabstand zu den USA verringern können, noch wurde das Ziel von 3% Wirtschaftswachstum erreicht. Der Wert lag dagegen bei 1,7% des BIP.

Hatte die Lissabonstrategie im Jahr 2000 noch das Ziel, die Koordinationsprozesse in verschiedenen Politikfeldern zu bündeln und die wirtschafts- und beschäftigungspolitischen Leitlinien mit der OMK zielgerichtet zusammenzuführen, so kann auch hier eine Dominanz des Bereiches der Wirtschafts- und Wettbewerbsfähigkeit konstatiert werden. Nach dem Platzen der Aktienwerte und den Zusammenbrüchen der New Economy 2000 an der Wall Street wurde auch der europäische Finanzmarkt bereits massiv nach unten gedrückt. Wirtschaftliche Stagnation einhergehend mit einem Anstieg der Massenarbeitslosigkeit und der Haushaltsdefizite waren in der EU die Folge. Das BIP der 15 Mitgliedstaaten ging dabei in den Jahren 2001-2003 von 1,7% auf 0,9% zurück (vgl. Dräger 2005). In der Folge dieser Ereignisse wurde auf dem Gipfel von Barcelona 2002 eine noch deutlichere Zuspitzung der Lissabonstrategie auf die wirtschaftsliberalen Strukturreformen eingeleitet (Dräger 2004). Ein Aufweichen des Arbeitsvertragsrechts, noch flexiblere Arbeitsverhältnisse und die Lockerung des Kündigungsschutzes wurden als Anreiz gesehen, auch gering Qualifizierte in Beschäftigung zu bringen.

Zentral für die nationale Beschäftigungspolitik ist daher die Frage, inwiefern strukturelle wirtschafts- und finanzpolitische Entwicklungen wie die der Binnenmarktöffnung und der Währungsunion, ideologischer Konsens und (supra-)staatliches Handeln zusammenwirken. Da die Interessen verschiedener Akteure – Gewerkschaften, Arbeitgeber, EU Kommission, EZB, nationale Parlamente – hier eine besondere Rolle spielen, müssen die einzelnen Positionen in einem Entwicklungszusammenhang gesehen werden.

Dabei spielt die Wettbewerbsfähigkeit von Unternehmen insofern eine Rolle, als ihre Investitionsentscheidungen zugleich auch von ihrer Bewertung auf den Aktienmärkten geprägt sind. Dies möchte ich im Folgenden näher erläutern.

3. Die Bedeutung der Finanzmarktpolitik für die Arbeitsmarkt- und Beschäftigungspolitik

Die Liberalisierung der Finanzmärkte seit den 1980er Jahren hat auch in der Europäischen Union eine finanzielle Repression gegenüber dem öffentlichen Sektor und gegenüber der realen Ökonomie bewirkt. Langfristig wirkende wachstums- und beschäftigungswirksame Investitionen wurden in der Vergangenheit zugunsten von hochrentierlichen kurzfristigen Kapitalanlagen der Unternehmen auf den Finanzmärkten abgelöst. Die hohe Volatilität kurzfristiger Kapitalanlagen hat natürlich mit der Attraktivität hoher Rendite auf den globalen Finanzmärkten zu tun. Der Mangel an formellen Arbeitsplätzen ist aus Unternehmersicht daher eine Folge der zu teuren und daher unterbleibenden Investitionen. Angesichts der Unabhängigkeit der EZB und der Geldpolitik in der EU und ihrer Verpflichtung, auf Geld- und Preisstabilität hinzuwirken, ist die Koordinierung zwischen Geld-, Fiskal- und Lohnpolitik nicht gegeben. Die Veränderungen in der Arbeitsmarkt- und Beschäftigungspolitik müssen daher mit den internationalen und europäischen Entwicklungen der Finanzmärkte diskutiert werden, insofern sich die Form der Unternehmensinvestitionen verändern und diese Auswirkungen auf die bisherigen nationalen systemischen Ausprägungen der europäischen Sozialsysteme haben. Hatten die fordistisch geprägten Wohlfahrtsstaaten in Westeuropa auch die Funktion, die Bedingungen für ökonomisches Wachstum und soziale Kohäsion bereit zu stellen, in einer so genannten »mixed economy«, so hatte der Staat eine verminderte Rolle in Bezug auf die politische Steuerung der nationalen Gesamtökonomie. Soweit eine interventionistische staatliche Politik die nationale Haushaltsökonomie, die Staatsverschuldung, die Inflationsrate und Steuerpolitik koordinieren kann, könnten jedoch auch die soziale Absicherung der Bürgerinnen und Bürger besser garantiert werden und die Mittel zur Eindämmung von Arbeitslosigkeit könnten effektiver greifen. Das postnationale workfare-Regime jedoch versucht über ständige Innovationen, Flexibilität in der Kapitalakkumulation zu garantieren und angebotspolitische Elemente in der Arbeitsmarktpolitik zu forcieren, um ständige Wettbewerbsfähigkeit zu ermöglichen.

Diese neoliberalen Elemente einer ökonomischen Restrukturierung postulieren Wettbewerb als zentrales Element der Restrukturierungen und führen dies auf die angeblichen Sachzwänge einer globalen Ökonomie zurück. Dabei werden die staatlichen Institutionen gleichsam als *stake-holder* oder als Elemente der Angleichung gesehen und von ihrer demokratischen Funktion sowohl diskursiv als auch materiell losgelöst. Ein eklatantes Beispiel hierfür ist die Teilprivatisierung der Rentensysteme, die als staatlicher Generationenvertrag nun der individuellen Verantwortung und den Privatpersonen als Kunden zugeordnet wird und somit gleichsam entstaatlicht und teilprivatisiert wurde. Diese workfare-Ideologie, die ehemalige sozialpolitische Programmatiken in Humankapitaltheorien diskursiv umwandelte, und auch materiell dazu führt, dass BürgerInnen zu Kundinnen mit mehr oder weniger Kaufkraft werden, führte dazu, dass über die Lohnpolitik und durch die Senkung der Lohnstückkosten versucht wird, die Wettbewerbsfähigkeit einzelner Unternehmen in der internationalen Produktion voranzutreiben. Dieses workfare-Regime übt damit weiterhin Druck auf die ArbeitnehmerInnen und Gewerkschaften aus, effizienter zu arbeiten bzw. Lohnkürzungen, Kurzarbeit und Überstunden in Kauf zu nehmen, um sich der neuen ökonomischen Konstellation anzupassen. Dies ist auch in der derzeitigen Finanz- und Wirtschaftskrise der Fall. Zugleich erfordern diese Zumutungen und Regulierungen neue Subjektivierungsweisen, die die Menschen dazu veranlassen, dies mitzumachen und die die Sozialpartner in diesen Prozess aktiv einbinden, um Konsens zu schaffen und Streiks zu vermeiden (Jessop 2006: 149).

Die regulative Angleichung im Zuge der ökonomischen Kernprojekte zur Errichtung eines integrierten Wirtschaftsraumes in der EU beinhaltete neben den negativen Integrationsschritten zur Schaffung einheitlicher Markt- und Wettbewerbsbedingungen (Verordnungen und Richtlinien) auch positive Integrationsmerkmale wie die Definition von Mindeststandards und die Schaffung zusätzlicher gemeinsamer Handlungskompetenzen. In diesen Bereich fallen auch die sozialen Komponenten und die gleichstellungspolitischen Handlungsfelder und Richtlinien. Regulativ nicht angeglichen wurden bisher alle Bereiche, die von den Mitgliedstaaten aufgrund der differierenden sozialen Systeme selbst reguliert werden und die aufgrund des Subsidiaritätsprinzips nicht angeglichen werden konnten und sollten. Dies betrifft vor allem stark geschlechtsspezifisch geprägte Politikbereiche wie die Arbeitsmarkt-, Familien-, oder Sozialpolitik (vgl. Hoskyns 2008; Scharpf 2002). Diese konstitutionelle Asymmetrie zwischen sozialer und wirtschaftlicher Integration bildet die Grundlage für sozialstaatliche, arbeitsmarkt- und geschlechterpolitische Interventionen und für die Handlungsmöglichkeiten von (sozial-)politischen AkteurInnen im europäischen Integrationsprozess bis heute.

4. Die Rückkehr des Sozialen? Sozial- und Beschäftigungspolitik in der Krise

Die finanzpolitische Harmonisierung der EU hat seit dem Vertrag von Maastricht (1992) und dem Stabilitätspakt (1996) eine rigide Politik der Währungs- und Preisstabilität zur Grundlage. Diese supranationale Orientierung führte zu einem dramatischen Wandel der Staatsprojekte und zu einem neoliberalen Diskurs der Wettbewerbsfähigkeit. Die Mitgliedstaaten setzen diese Orientierung in einer strengen Spar- und Deregulierungspolitik um. Dies führte zu neuen Umverteilungspolitiken (z.B. Steuerreformen) zuungunsten von wohlfahrtsstaatlicher Umverteilung. Wohlfahrtsstaatliche Sicherungen wurden abgebaut. Die politische Entkoppelung von sozialer Protektion und wirtschaftlicher Integration hat dabei zu einer strategischen Selektivität des Integrationsmodus geführt.

Das Primat der Wettbewerbsfähigkeit führte auch zu einer geschlechtsspezifischen Hierarchisierung der politischen Projekte und der Märkte in der Europäischen Union. Denn das Regieren mittels neoliberaler Diskurse um Eigenverantwortung und Regierungstechnologien, die mit den wettbewerbsstaatlichen Projekten einhergehen wie z.B. die Verantwortungsverschiebung sozialer Wohlfahrt und Sicherheit auf das Individuum, haben dazu geführt, dass die Restrukturierung von Arbeitsmärkten, Geschlechter- und Sozialpolitik weiter in Richtung *employability* forciert wird. Dies zeitigt in mehrfacher Hinsicht Konsequenzen für Geschlechterpolitik und Geschlechterverhältnisse: Erstens wurden soziale Sicherungssysteme (insbesondere Pensionssystem) privatisiert und der Vorsorge der BürgerInnen anheimgestellt mit der Folge steigender weiblicher Altersarmut. Zweitens führte staatliche Sparpolitik vor allem im Bereich öffentlicher Kinderbetreuung zu einem reduzierten Betreuungsangebot mit der Folge größerer Probleme der Vereinbarkeit von Berufs- und Pflegearbeit. Drittens wurden allerdings die familienpolitischen Leistungen mit Blick auf steigende Geburtenraten in Deutschland und jüngst auch in Österreich ausgebaut. Viertens wurden Arbeitsplätze im öffentlichen Sektor reduziert, vielfach Frauenarbeitsplätze. Fünftens schließlich wurde in den Lissabon-Zielen der EU die forcierte Integration von Frauen in den Erwerbsbereich beschlossen, ohne freilich arbeitsmarktpolitische Anreize zu schaffen, im Gegenteil: Die vornehmliche Orientierung an Wettbewerbsfähigkeit der EU führte zu einem stetigen Abbau von Vollzeiterwerbsarbeitsplätzen. Die Integration von Frauen (wie auch von Männern) in den Erwerbsarbeitsbereich konnte nur durch die Schaffung von Teilzeitarbeitsplätzen, durch die Prekarisierung der Erwerbsarbeit und durch die Feminisierung eines Niedriglohnbereichs erfolgen. Negiert wurde in diesem Steuerungsmodell die Vor- und Fürsorge für das Leben, also Reproduktions- und Pflegearbeit.

Diese Form des (suprastaatlichen) Regierens beinhaltet dabei eine spezifische Machtausübung: Sie verbindet ökonomische Wissenspraktiken wie das politische *benchmarking*[5] mit Empowerment-Programmen, sie verbindet Kontrolle und *Peer Review*-Verfahren wie sie in der Offenen Methode der Koordinierung angewandt werden, die auch geschlechtsspezifische Subjektivierungsformen umgestalten oder reproduzieren. Die Herausbildung dieser neoliberalen geschlechtsspezifischen Regierungstechnologien, die bei Wei-

[5] *Benchmarking* entstammt der Betriebswirtschaftslehre und ist ein auf ökonomische Indikatoren gestütztes Vergleichssystem, um z.B. durch politisches *benchmarking* Staaten in ihrer wirtschaftlichen und arbeitsmarktpolitischen Entwicklung vergleichen zu können.

tem keine Rückkehr des Staates implizieren, sondern eher ein »governing at a distance« (Rose 2000), soll im Folgenden am Beispiel der Offenen Methode der Koordinierung kritisch analysiert werden.

Die Offene Methode der Koordinierung als neue Form des Regierens ungleicher Beschäftigungs- und Geschlechterverhältnisse

Die Handlungskompetenzen der EU-Kommission und des Ministerrates in den sozialstaatlichen Politikfeldern sind zum einen aufgrund des Subsidiaritätsprinzips begrenzt, und zum anderen konzentrierten sich die überhaupt vorhandenen Richtlinien in der Beschäftigungspolitik hauptsächlich auf standardisierte Beschäftigungsformen wie Vollzeiterwerbstätigkeit. Von diesen Regulierungen profitierte der Großteil der in prekärer Beschäftigung oder in Teilzeit arbeitenden Frauen jedoch bisher nicht (vgl. Rubery 2005; Hoskyns 2008). Mittlerweile gelten zwar auch bindende geschlechtsspezifische Gleichstellungsgebote für Teilzeiterwerbstätigkeit sowie Zeitarbeitsverträge; Bestrebungen einer weitergehenden Kompetenzverlagerung der sozialstaatlichen Regulierungen auf die europäische Ebene wird von den Mitgliedstaaten jedoch auch aus machtinstitutionellen Gründen oft nicht gewünscht. Dies gilt auch für die Frauenförderung, sofern mit ihr nicht nur regulative, sondern auch materielle Komponenten verbunden sind.

Mit der Offenen Methode der Koordinierung (OMK), die in der Europäischen Beschäftigungsstrategie (EBS) als neues Steuerungsinstrument im Rahmen des europäischen Sozialmodells eingesetzt wird, wurde ein Verfahren in der Sozialpolitik eingeführt, das es den Mitgliedstaaten überlässt, sozialpolitisch aktiv zu werden und sich in einem *Peer Review*-Verfahren an denjenigen Mitgliedstaaten zu orientieren, die Erfolge in der Sozial- und Arbeitsmarktpolitik erzielen konnten. Doch weist diese neue Regierungstechnologie sowohl das Problem auf, dass sie keine verbindlichen Regelungen vorgibt, um einerseits die Diversität der Mitgliedstaatlichen Sozialpolitiken zu berücksichtigen, und andererseits ein Verfahren anwendet, das sich am ökonomischen Wissen, Nutzenkalkül und am politischen benchmarking ausrichtet. Da die Maßnahmen in der Förderung von mehr Beschäftigung national sehr weit variieren und relativ vage sind – sie reichen von präventiven bis hin zu aktivierenden Maßnahmen der beschäftigungspolitischen Leitlinien, die sich auf die Verbesserung der Beschäftigungsfähigkeit von ArbeitnehmerInnen beziehen –, bleibt dieses Verfahren sehr schwach in seiner Durchsetzung und letztlich am politischen Willen der jeweiligen politischen Akteure und Eliten in den Mitgliedstaaten ausgerichtet. In den meisten Mitgliedstaaten haben die OMK und EBS noch nicht zu einer verbesserten Situation von Arbeitnehmerinnen geführt (Rubery 2005: 404; Wöhl 2007:

170ff. sowie die Beiträge in Beveridge/Velluti 2008). Auch in der ehemaligen zweiten Säule der beschäftigungspolitischen Leitlinien, die die Entwicklung des Unternehmergeistes und die Schaffung von Arbeitsplätzen zum Ziel hat, wird vor allem die Bedeutung des Dienstleistungssektors betont und die Senkung der Kosten aufseiten der Unternehmen. Flexibilisierung von Arbeitsverträgen und Arbeitszeiten macht dagegen einen weiteren Teil der Leitlinien aus. Die Umsetzung der Zielvorgaben fiel in den meisten Mitgliedstaaten jedoch relativ schwach aus, einige wurden wegen Vorbehalten einzelner Mitgliedstaaten abgemildert. Insgesamt lässt sich für die Beschäftigungspolitik festhalten, dass es den meisten Mitgliedstaaten bisher gelungen ist, die Empfehlungen der Kommission und des Rates abzuschwächen oder zumindest zu relativieren. Das wissensbasierte *best practice*-Modell der OMK scheint im politischen Verhandlungsprozess also durchaus wieder unterlaufen werden zu können, worauf es im Grunde durch seinen empfehlenden Charakter aufgrund des bestehenden Subsidiaritätsprinzipes auch angelegt ist. Wenig effektive Druckmittel zur Anpassung bleiben daher allein Veröffentlichungen der Kommission über ergriffene Maßnahmen einzelner Länder oder deren mangelnden Umsetzung.

Für den Zeitraum seit der Einführung der Europäischen Beschäftigungsstrategie und Gender Mainstreaming von 1997 bis 2007 hebt auch die Europäische Kommission hervor, dass weder der *gender pay gap* substanziell beseitigt wurde noch eine verbesserte qualitative Arbeitsmarktsituation für Frauen hergestellt wurde (European Commission 2007a/b). Mit der OMK ist die regulative Funktion der EU-Institutionen im Bereich der Beschäftigungs- und Sozialpolitik daher nicht ausgebaut worden, sondern eine weitgehende Einbindung der Sozialpartner in den Prozess der Koordinierung erfolgt. Die Stärkung nationalstaatlicher Politiken tritt mit der OMK in den sozial- und arbeitsmarktpolitischen Bereichen also wieder mehr in den Vordergrund, jedoch ist dies nicht als generelle Kompetenzverschiebung zwischen der supra- und nationalstaatlichen Ebene zu verstehen (vgl. Borrás/Greve 2004). Vielmehr ist die bis heute schwach implementierte europäische Sozialpolitik um politische Verfahren erweitert worden, die sich durch das politische *benchmarking* in die Marktlogik des Integrationsprozesses einfügen. Probleme der Implementierung der Europäischen Beschäftigungsstrategie lassen sich daher auch in diesem Zusammenhang vermerken: Ergebnisse und Auswertungen der Nationalen Aktionspläne für Beschäftigung waren bisher auf die Beschäftigungsfähigkeit, also Aktivierungsmaßnahmen oder die Entwicklung des Unternehmergeistes gerichtet (Jacobsson/Schmid 2004; Pascual 2008: 180; Wöhl 2007), nicht aber dezidiert auf die Stärkung der Maßnahmen zur Geschlechtergleichstellung und Chancengleichheit.

Die politische und soziale Gleichheit zwischen Männern und Frauen durch europäische Harmonisierungen sukzessive auszubauen, ist in der Vergangenheit daher nur in begrenztem Umfang erfolgt. Jedoch lassen sich unterschiedliche Phasen ausmachen, in denen gleichstellungspolitische Entscheidungen, Richtlinien oder Leitlinien insgesamt in der EU entwickelt wurden (vgl. Hoskyns 1996; von Wahl 2008). In diesen Zeitabschnitten haben die jeweiligen Mitgliedstaaten je nach nationaler Geschlechterordnung und -kultur auf die verbindlichen Vorgaben oder Empfehlungen der supranationalen Ebene unterschiedlich reagiert. Die Mitgliedstaaten haben dabei ihre Sozialsysteme nur insofern nach den Kriterien der Gleichheit zwischen den Geschlechtern ausgerichtet, wie es die nationale sozialpolitische Konstellation zuließ. Insofern ist die Geschlechterpolitik innerhalb der EU in ihrer Umsetzung nicht nur mit den mitgliedstaatlichen Geschlechterregimen, -kulturen und -ordnungen konfrontiert, sondern auch durch die bisher auf den Arbeitsmarkt orientierte Normvorgabe von Gleichheit eingeschränkt. Da sich die Geschlechterpolitik der EU nach wie vor auf erwerbstätige Personen konzentriert, ist die Reichweite dieser Politik von vornherein begrenzt: Sie exkludierte wesentliche Momente gesellschaftlicher Integration durch die Nicht-Regulierung der Reproduktionssphäre.

Ein wichtiger Punkt in dieser Hinsicht ist die Nichtbeachtung von Pflegearbeiten in den bisherigen Richtlinien der EU. Obwohl die staatliche Übernahme von Pflegearbeit zentral ist für die Gleichberechtigung der Geschlechter und um Frauen den Zugang zum Erwerbsleben überhaupt zu ermöglichen, orientieren sich die Gleichstellungsgesetze und -richtlinien der EU bisher immer noch normativ an männlichen Lebensmustern und Erwerbsbiografien (Walby 2004; Kettelhut 2005). Wenn jedoch keine suprastaatlichen oder nationalstaatlichen Regulierungen zu Pflegearbeiten getroffen werden, werden Frauen, wenn sie als Mütter erwerbstätig sein wollen, weiterhin von sozialer Ungleichheit betroffen sein und schlechtere Erwerbschancen erhalten. Die prekäre soziale Lage und Beschäftigungssituation von Frauen in Teilzeitarbeit wird sich nur dann beheben lassen, wenn sozialstaatliche Programme die Erwerbsminderung regulierend ausgleichen (vgl. Gerhard et al. 2003). Auch Gender Mainstreaming müsste diese Kritik an einer angebotsorientierten Beschäftigungspolitik umfassen, um die strukturellen Bedingungen als Ursache von Massenarbeitslosigkeit zu markieren und sie nicht allein auf die persönliche Verantwortung der ArbeitnehmerInnen als Angebotspolitik zu reduzieren. Gender Mainstreaming als dezidiert weites geschlechterpolitisches Projekt steht daher einem marktförmigen Umbau der Gesellschaft gegenüber, in das es sich einerseits institutionell als Verwaltungsmodernisierung einfügt, andererseits bisher nur begrenzt Handlungsfähigkeit gegen ungleiche Geschlechterverhältnisse in der Beschäftigungspolitik und anderen policy-Feldern erzielen konnte (Wöhl 2007; Pollack/Hafner-Burton 2008).

Die derzeitige finanz- und wirtschaftspolitische Krise wird daher gerade auch für Frauen von Nachteil sein, denn obwohl es zum großen Teil Männer sind, die ihre Arbeitsplätze in der industriellen Produktion und ihren Zulieferbetrieben verlieren oder in Kurzarbeit gehen, fördern die Konjunkturpakete in Deutschland und in Österreich nicht den öffentlichen Sektor der Versorgungsökonomie und schaffen daher keine neuen Arbeitsplätze in diesem Bereich, in dem besonders viele Frauen arbeiten. Zusätzlich wird gerade in Krisenzeiten, wie Gabriele Michalitsch betont, auf die unbezahlte Arbeit von Frauen im privaten Bereich zurückgegriffen und verringert in der Folge »Partizipationschancen vorrangig von Frauen am Arbeitsmarkt und stabilisiert so die geschlechtliche Arbeitsteilung mit allen sie begleitenden sozioökonomischen Geschlechterdisparitäten.« (Michalitsch 2009: 92)[6]

5. Fazit

Der Wettbewerbsdiskurs und die makroökonomische Orientierung der EU an Preis- und Währungsstabilität stärkten auf der suprastaatlichen wie auf der nationalen Ebene neoliberale Marktkräfte und schwächten jene gesellschaftlichen Stimmen und Kräfte (z.B. die Gewerkschaften und frauenpolitische Akteurinnen), dic sich für soziale Umverteilung hätten einsetzen können oder die Pflegearbeit als zentrale gesellschaftliche Arbeit hätten definieren können. Wettbewerbspolitik sowie die Marginalisierung und Negierung von Wissen um geschlechtsspezifische Arbeitsteilung und Pflege als Grundlage gesellschaftlicher Reproduktion führten zu einer neuen Technologie geschlechterpolitischer Steuerung: Soziale StaatsbürgerInnenschaft wird für Frauen wie für Männer an Erwerbstätigkeit geknüpft. Die ursprüngliche fordistische Zweiteilung sozialer Rechte entlang der Geschlechterlinie wird diskursiv und materiell dabei modifiziert. Der selbstständige Erwerb sozialer Sicherung und sozialer Rechte wird aufgewertet und an Erwerbstätigkeit, wie prekär auch immer, gebunden. Die Mobilisierung von Frauen in die Erwerbstätigkeit stößt freilich an die institutionellen Grenzen des male-

[6] Die Zahl arbeitsloser Frauen erhöhte sich in Österreich zwischen Februar und April 2009 »von knapp 103.000 auf fast 111.000, während die Zahl arbeitsloser Männer im gleichen Zeitraum saisonbedingt von nahezu 199.000 auf 148.000 zurückging (AMS 2009)«. (Michalitsch 2009: 92)

breadwinner-Modells, das in den Nationalstaaten nie ganz beseitigt wurde. Dazu fehlte es an Mitteln und Budget. Neue institutionelle Formen der Kinderbetreuung und der Pflege kranker und alter Menschen wurden auf EU-Ebene vernachlässigt und sie blieben in den Nationalstaaten budgetär nicht bedeckt. Ein »Ausweg« aus dieser paradoxen Situation war in den Mitgliedstaaten die Prekarisierung von Arbeit – prekär arbeitende Frauen wie auch Männer sollen in die Lage versetzt werden, Care-Arbeit zusätzlich unbezahlt zu erbringen. Die Folgen dieses neuen Zugriffs auf die Bevölkerung sind nach wie vor niedrige Geburtenraten vor allem in den geschlechterkonservativen Wohlfahrtsregimen, an denen auch hohe Investitionen in Kinderbetreuungsverhältnisse wie in Deutschland oder Österreich bislang nur wenig ändern konnten. Erwerbstätigkeit alleine reicht zudem als Grundlage für soziale StaatsbürgerInnenschaft nicht aus – soziale Rechte erwerben weibliche wie männliche StaatsbürgerInnen nur aus der Qualität ihrer Fähigkeit zur Erwerbstätigkeit. So wird *employability* zum Projekt Erwerbstätiger beiderlei Geschlechts und zu einer neuen Technik des disziplinierenden Zugriffs auf Lebensentwürfe. Dies bedeutet jedoch keine Rückkehr des Staates im Feld der Arbeitsmarkt- und Sozialpolitik. Im Gegenteil: Der Staat rereguliert bzw. regiert aus Distanz und überlässt Anteile der sozialen Wohlfahrt der Privatverantwortung der BürgerInnen. Gleichzeitig werden Beschäftigte in Sektoren, die besonders von (Alters-)Armut betroffen sind, nicht durch staatliche Konjunkturpakete gefördert. Dem so dringend benötigten Ausbau des Bildungs-, Pflege- und Fürsorgesektors werden nur dann Konzessionen gemacht, wenn gesellschaftliche Gruppen dies selbst erkämpfen wie die jüngsten Bildungsstreiks in Deutschland und der Streik der Kindertagesstätten-Beschäftigten gezeigt hat.

Literatur

Beveridge, Fiona/Velluti, Samantha (Hrsg.) 2008: Gender and the Open Method of Coordination. Perspectives on Law, Governance and Equality in the EU, Aldershot.

Borrás, Susana/Greve, Bent (2004): Concluding Remarks: New method or just cheap talk?, in: European Journal for Public Policy, Vol. 11/2, April, S. 329-336.

European Commission (2007a): Report from the Commission to the Council, the European Parliament, the European Economic and Social Committee and the Committee of the Regions on the Equality Between Women and Men – 2007, COM(2007) 49 final.

European Commission (2007b): Communication from the Commission to the Council, the European Parliament, the European Economic and Social Committee and the Committee of the Regions Tackling the Pay Gap Between Women and Men – 2007, COM(2007) 424 final.

Deppe, Frank/Felder, Michael (1993): Zur Post-Maastricht Krise der Europäischen Gemeinschaft, FEG-Arbeitspapier Nr. 10, Marburg.

Dräger, Klaus (2005): Alternativen zur Lissabon-Strategie der EU. Europa braucht eine integrierte Nachhaltigkeitsstrategie, in: Widerspruch 48, 25. Jg., H 1, S. 17-30.

Dräger, Klaus (2004): Jedem eine zweite Chance? Lieber nicht. Die Lissabon-Strategie der Europäischen Union und ihr Neubeginn, zitiert nach dem Manuskript. Erschien auch in: Euromemorandum-Gruppe (2005): Euromemorandum 2004: Jenseits von Lissabon, Hamburg.

Gerhard, Ute et al. (2003): Erwerbstätige Mütter. Ein europäischer Vergleich, München.

Gill, Stephen (1998): European Governance and New Constitutionalism: European Monetary Union and alternatives to disciplinary neo-liberalism in Europe. In: New Political Economy 3(1), S. 5-27.

Hein, Eckhard/Schulten, Thorsten/Truger, Achim (2004): Lohnentwicklung und Deflationsgefahr in Deutschland und Europa, in: PROKLA 134, Jg. 34, H. 1, S. 61-84.

Herr, Hansjörg (2004): Deregulierung, Globalisierung und Deflation, in: PRO KLA 134, 34. Jg., H. 1, S. 15-40.

Hoskyns, Catherine (1996): Integrating Gender, Women, Law and Politics in the European Union, London/New York.

Hoskyns, Catherine (2008): Gender Mainstreaming in the Macroeconomic Policies of the EU, in: Waylen, Georgina/Rai, Shirin M. (Hrsg.): Global Governance: Feminist Perspectives, Basingstoke, S. 107-128.

Jacobsson, Kerstin/Schmid, Hermann (2002): Real Integration or just Formal Adaptation? – On the Implementation of the National Action Plans for Employment, in: de la Porte, Caroline/Pochet, Philippe (Hrsg.): Building Social Europe through the Open Method of Coordination, Brüssel et al., S. 69-96.

Jessop, Bob (2006): State- and Regulation-theoretical Perspectives on the European Union and the Failure of the Lisbon Agenda, in: Competition & Change, Vol 10, No. 2, S. 145-165.

Jünemann, Annette/Klement, Carmen (Hrsg.) 2005: Die Gleichstellungspolitik in der Europäischen Union, Baden-Baden: Nomos.

Karras, Anne/Schmidt, Ingo u.a. (Hrsg.) 2004: Europa: lieber sozial als neoliberal, Hamburg.

Kasten, Gabriele/Soskice, David (2001): Europäische Beschäftigungspolitik. Möglichkeiten und Grenzen, Marburg.

Ketelhut, Jörn (2005): Die »maternalistische« Geschlechterpolitik des EuGH: Familienpolitische Leitbilder in der Rechtssprechung zu Mutterschutz und Elternrechten, in: Jünemann, Annette/Klement, Carmen (Hrsg.): Die Gleichstellungspolitik in der Europäischen Union, Baden-Baden, S. 46-64.

Kok-Bericht (2005): Die Herausforderung annehmen: Die Lissabon-Strategie für Wachstum und Beschäftigung. Bericht der Hochrangigen Sachverständigengruppe vom 3.11.2004, hrsg. von Wim Kok.

Koll, Willi (2004): Makoökonomischer Dialog – Entstehung und Intention, in: Hein, Eckhard/Niechoj, Torsten/Schulten, Thorsten/Truger, Achim (Hrsg.): Europas Wirtschaft gestalten. Makroökonomische Koordinierung und die Rolle der Gewerkschaften, Hamburg, S. 128-154.

Maier, Friederike (2002): Gibt es eine frauenpolitische Wende durch die europäische Beschäftigungsstrategie?, in: Silke Bothfeld et al. (Hrsg.): Gender Mainstreaming: eine Innovation in der Gleichstellungspolitik. Zwischenberichte aus der politischen Praxis, Frankfurt/M./New York, S. 159-181.

Michalitsch, Gabriele (2009): Konjunkturpolitik: Geschlechter-Macht und Geschlechter-Wahrheit, in: Kurswechsel, H. 2, S. 91-96.

Pascual, Amparo Serrano (2008): Is the OMC a Provider of Political Tools to promote Gender Mainstreaming?, in: Beveridge, Fiona/Velluti, Samantha (eds.): Gender and the Open Method of Coordination. Perspectives on Law, Governance and Equality in the EU, Aldershot, S. 169-190.

Pollack, Mark A./Hafner-Burton, Emily (2008): Mainstreaming Gender in the European Union: Getting the Incentives Right, Jean Monnet Working Paper 08/08, url: www.jeanmonnetprogram.org/papers/08/080801.doc, letzter Zugriff am 25.05.2010.

Rose, Nikolas (2000): Powers of Freedom: Refraiming Political Thought, Cambridge.

Rubery, Jill (2005): Gender Mainstreaming and the OMC. Is the Open Method Too Open for Gender Equality Policy?, in: Zeitlin, J./Pochet, P. (eds.): The Open Method of Coordination in Action. The European Employment Strategy and Social Inclusion Strategies, Brüssel: Peter Lang Verlag, S. 391-416.

Ryner, Magnus/Schulten, Thorsten (2003): The political economy of labourmarket restructuring and trade union responses in the social-democratic heartland, in: Overbeek, Henk (Hrsg.): The Political Economy of Europe-

an Employment. European integration and the transnationalization of the (un)employment question, London/New York, S. 176-198.
Scharpf, Fritz W. (1999): Governing in Europe. Effective and Democratic? Oxford.
Scharpf, Fritz W. (2002): The European Social Model: Coping with the Challenges of Diversity, in: JCMS, Vol. 40, No. 4, S. 645-670.
Schulten, Thorsten (2004): Solidarische Lohnpolitik in Europa. Zur Politischen Ökonomie der Gewerkschaften, Hamburg.
Talani, Leila Simona (2004): European Political Economy, Hampshire/Burlington.
Tidow, Stefan (2003): The emergence of European employment policy as a transnational political arena, in: Overbeek, Henk (Hrsg.): The Political Economy of European Employment. European integration and the transnationalization of the (un)employment question, London/New York, S. 77-98.
Tidow, Stefan (1999): Europäische Beschäftigungspolitik im Wandel der Integrationsprojekte, in: Platzer, Hans-Wolfgang (Hrsg.): Arbeitsmarkt- und Beschäftigungspolitik in der EU. Nationale und europäische Perspektiven, Baden-Baden, S. 145-165.
von Wahl, Angelika (2008): The EU and Enlargement. Conceptualizing Beyond »East« and »West«. In: Roth, Silke (Hrsg.): Gender Politics in the Expanding European Union. New York/Oxford, S. 19-36.
Walby, Sylvia (2005): Gender Mainstreaming: Productive tensions in theory and practice, in: Social Politics: International Studies in Gender, State and Society Vol. 12, Nr. 3, S. 321-343.
Wöhl, Stefanie (2007): Mainstreaming Gender? Widersprüche europäischer und nationalstaatlicher Geschlechterpolitik, Königstein/Taunus.
Young, Brigitte (2003): Economic and Monetary Union, employment and gender politics: a feminist constructivist analysis of neo-liberal labour-market restructuring in Europe, in: Overbeek, Henk (ed.): The Political Economy of European Employment. European integration and the transnationalization of the (un)employment question, London/New York, S. 99-112.
Ziltener, Patrick (1999): Strukturwandel der europäischen Integration. Die Europäische Union und die Veränderung von Staatlichkeit, Münster.

Mehrdad Payandeh

Finanzmarktkapitalismus am Ende?

Der Neoliberalismus durchläuft auf Hochtouren eine Systemkrise – dank der neoliberalen Doktrin. Der politisch gewollte und mit Nachdruck geförderte Marktfundamentalismus rächte sich mit der Wucht eines Orkans. Es wurden Häuser weggefegt, die schnell auf Sand gebaut waren. Zuerst im Land der unbegrenzten Möglichkeiten, dann auf dem »Old Continent« und schließlich in Schwellen- und Entwicklungsländern. Den Absturz des vermeintlich funktionierenden Marktes ins Nirwana hätte man nicht perfekter inszenieren können. Die Zeit der Propheten des innovativen und zelebrierenden Finanzmarktkapitalismus schien vor einem Jahr mit einem unüberschaubaren Scherbenhaufen zu enden – vorläufig. Selbst die Protagonisten des Zaubertranks »mehr Markt, mehr Wohlstand« riefen in der Finanzkrise nach mehr Staat und Regulierungen.

Die Welt spielte bis vor Kurzem verrückt. Die Marktfundamentalisten, die trotz ihres ideologischen Versagens Tipps und Tricks in Sachen »guter Konjunkturpolitik« gaben, haben erneut die politische Interpretationshoheit über die Krise gewonnen. Zumindest in Deutschland ist die Rede von der Finanz- und Wirtschaftskrise durch das Drama der Schuldenkrise abgelöst worden. Die deutsche Tugend des Sparens soll nun zur Tugend der Weltwirtschaft werden. Die Welt würde uns um die Schuldenbremse beneiden. Diese Selbstgefälligkeit der Deutschen nimmt in der Debatte um Griechenland mittlerweile peinliche und politisch nicht hinnehmbare Züge an. Die deutsche Ideologie mit der Leitfigur der »schwäbischen Hausfrau« muss aus Gründen der ökonomischen Vernunft, der sozialen Verantwortung und der politischen Weitsicht zurückgedrängt werden. Vorläufig bestimmen die Ideologen der Schuldenbremse noch die Schlagzeilen.

Nun werden sogar die in der Krise verschämt vorgenommenen Reformansätze verwässert. Die neoliberalen Dogmatiker sind erneut dabei, die Definitionshoheit über zentrale Begriffe zu gewinnen. Verkauften frühere Regierungen Sozialabbau, Rentenkürzungen und die Förderung der prekären Beschäftigungsverhältnisse als »Reformen«, soll jetzt »Finanzmarktregulierung« mit ein wenig Aufsicht, der Registrierung der Hedgefonds-Manager und einer Bankenabgabe light als Beruhigungspille erledigt sein. Zocken soll nun unter Aufsicht gestellt werden. An dessen Wesen wird nicht gezweifelt. Denn, so Jean-Claude Trichet: »Der Markt muss respektiert werden.« Die Rückkehr der Grundüberzeugung der Markteffizienz ist das ordnungspolitische Drama dieser Krise.

Mitte 2009 bestand noch Hoffnung, das Weltcasino zu schließen oder zumindest Regeln für Chancen und Risiken durchzusetzen. Inzwischen hat das Casino seinen Betrieb nicht nur wieder aufgenommen. Die Staatengemeinschaft stellt den Banken für toxische Papiere sogar noch billiges »Spielgeld« der Zentralbanken zur Verfügung. Und nun jagt eine Krise die nächste. Die Finanzkrise erreicht mit Griechenland erneut eine historische Zäsur – dank der Vorherrschaft der neoliberalen Doktrin in der Eurozone und dank der Spekulationen der Investmentbanken und der Hedgefonds. Standen bis dahin die systemischen Risiken auf den Finanzmärkten im Zentrum der Aufmerksamkeit, so bewegen sich wesentliche Debatten in der Eurozone jetzt zunehmend um die makroökonomischen Ungleichgewichte und die damit einhergehenden Gläubiger-Schuldner-Beziehungen sowie um unterschiedliche Wachstumsstrategien. Damit aber kommt die Verzahnung der realwirtschaftlichen und finanzmarktpolitischen Sphären in den Fokus. Ein mehrdimensionaler Reformansatz ist gefordert. Davon sind die Konzepte der Krisenmanager jedoch weit entfernt.

Zum anderen geht die herrschende Politik nunmehr von der Bearbeitung einer systemischen Krise zum Management einer singulären Krise über. Die Lösungsfindung verlagert sich global auf die Installation von Frühwarnsystemen und auf europäischer Ebene auf die Förderung der Finanzmarktkompatibilität Griechenlands. Allerdings verliert die von den europäischen Institutionen behauptete Singularität des griechischen Problems ihre Überzeugungskraft. Denn auch Portugal und Spanien scheint es in den Sog der Finanzkrise zu ziehen. Italien steht in der Warteschlange. Damit geraten zu Recht die Leistungsbilanzungleichgewichte innerhalb der Eurozone, aber auch innerhalb der EU und des Europäischen Währungssystems II (EWS II) in den Vordergrund. Auch wenn die herrschende Debatte die Finanzlängst zur Schuldenkrise umgedeutet hat, nehmen die ökonomischen und sozialen Verwerfungen der schwersten Finanz- und Wirtschaftskrise und damit die politischen Instabilitäten zu. Trotz wachsender Labilität des gesamten Systems ist das Ende des Finanzmarktkapitalismus aus heutiger Sicht und unter der gegenwärtigen politischen Dominanz der deutschen Ideologie nicht absehbar.

Folgen der Krise

Mittlerweile durchläuft die Wirtschafts- und Finanzkrise einen nahezu zweijährigen Zyklus. Begonnen hatte sie als Subprime-Krise auf dem US-amerikanischen Immobilienmarkt, als eine restriktivere Geldpolitik der amerikanischen Zentralbank Fed dem Immobilienboom ein Ende setzte und viele Schuldner nicht mehr in der Lage waren, die angestiegenen Kreditkosten weiter zu tragen. Über Nacht wurden viele Forderungen faul und mussten abgeschrieben werden. Schnell verwandelte sich die Hypothekenkrise in eine allgemeine Kreditkrise und erfasste den gesamten amerikanischen Finanzmarkt. Viele Banken konnten noch vor dem sichtbaren Ausbruch der Krise ihre faulen Forderungen in strukturierten Credit Default Obligations (CDO) verbriefen, diese von den Ratingagenturen mit besten Rating-Noten versehen lassen und anschließend weltweit unter die Anleger bringen. Über den weltweiten Verbriefungsmarkt erreichten die toxischen Papiere andere Weltregionen.

Dies war keine außergewöhnliche Aktion, auch wenn Goldman Sachs und möglicherweise auch andere Investmentbanken die Anleger wie die Deutsche Mittelstandsbank IKB und die Landesbanken vorsätzlich prellten. Der Markt für Kreditverbriefungen floriert seit Jahren. Auf diesem Markt refinanzieren sich die Banken, indem sie ihre Kreditforderungen in CDOs umwandeln und anschließend weltweit an Anleger verkaufen. So können sich Banken die Refinanzierung ihrer Kreditgeschäfte endlos ohne Fremdbestimmung der Zentralbanken organisieren. Das Volumen der Kredit-Verbriefungen expandierte laut IWF auf 53 Billionen US-Dollar, wovon lediglich 4,1 Billionen US-Dollar im Zuge der Krise toxisch wurden und ihre zerstörerische Kraft entfalten konnten. Ein Drittel dieser toxischen Papiere landeten in den Tresoren deutscher Banken.

Der Markt für Verbriefungen hat die Geldschöpfung weiter privatisiert. Die Zentralbanken verloren erneut an Einfluss. Das Risikopotenzial und die eigentliche Zerstörungskraft der Kreditverbriefungen (Credit Default Obligations – CDO) und der darauf basierenden Kreditausfallversicherungen (Credit Default Swaps – CDS) wurde zu Recht mit Massenvernichtungswaffen verglichen. Denn einerseits führen Kreditverbriefungen automatisch zur Blasenbildung, wenn immer mehr Anleger solche Finanztitel nachfragen und ihren Preis in Unkenntnis der enthaltenen Risiken künstlich in die Höhe treiben. Irgendwann rechtfertigen die Renditen den Preisanstieg nicht mehr. Mit den Risiken rückt die Spekulation auf den Kreditausfall in den Mittelpunkt. Der Run auf die CDS-Papiere beginnt. Von nun an bestimmt nur die Flucht aus solchen nun toxisch gewordenen Vermögenstiteln das Marktgeschehen, nicht mehr die steigenden Preise. Die Blase platzt und die Vermögenspreise werden entwertet. Es kommt zur Kapitalvernichtung.

Die Insolvenz der Lehman Brothers im September 2008 markierte den Beginn der weltweiten Finanz- und Wirtschafskrise. Der massenhafte Kreditausfall brachte nicht nur Banken, sondern auch den amerikanischen Versicherungsmarkt in eine existenziell bedrohliche Lage. Die AIG, immerhin die weltgrößte Versicherung, konnte nur dank staatlicher Interventionen gerettet werden. Der Staat handelte im Vergleich zur Großen Depression vor 80 Jahren zügig – nach dem anfänglichen Fehler, die Pleite einer relevanten Bank zugelassen zu haben. Allerdings übertrafen die Kapitalvernichtung und der Abschreibungsbedarf im Bankensektor jede Vorstellung.

Die Krise auf dem amerikanischen Finanzmarkt beeinträchtigte die Liquiditätsversorgung der wichtigsten Volkswirtschaft der Welt. Das Konsumieren auf Pump fiel als Triebfeder weg, Investitionen wurden doppelt behindert. Einerseits drehten dic Banken den Kredithahn zu, andererseits brach der amerikanische Absatzmarkt zusammen. Die globale Wirtschaftskrise wurdc unvermeidbar, da der dynamischste, konsumfreudigste und zahlungskräftigste Absatzmarkt der Welt zum Erliegen kam. Der Rückgang der globalen Nachfrage führte zum Einbruch des Welthandels um über 25%. Das Welt-BIP sank im Jahr 2008 auf 3%. Ein Jahr später lag das weltweite Bruttoinlandsprodukt bei -1,1%. Jetzt ging es nicht mehr nur um eine »technische« Rezession. Die globale Nachfrageschwäche führte zu unterlassenen Investitionen und Produktionsausfall, sie beeinträchtigte auch die Nachfrage nach Rohstoffen. Der Ölpreis, der im Sommer 2008 noch astronomisch angestiegen war, stürzte ab. Die Rettungsversuche der OPEC-Staaten waren vergeblich.

Die Krise war in erster Linie eine Krise der Industrieländer. Dass auch die Entwicklungsländer die Zeche dafür zahlen, steht auf einem anderen Blatt. Aber die Krise brachte die Verfassung der OECD-Staaten durcheinander. Die USA als Ursprungsland haben rasch mit milliardenschweren Rettungsaktionen, Steuersenkungen, öffentlichen Investitionen und aggressiver expansiver Geldpolitik reagiert. Ihre Wachstumseinbrüche sind mit 2,7% geringer ausgefallen als in der Eurozone mit 4,2%. Von der Krise wurden die Länder am stärksten getroffen, die in der Vergangenheit eine aggressive, exportorientierte Wachstums- und (im Falle der Schwellen- und Entwicklungsländer) Entwicklungsstrategie praktiziert und die Entwicklung ihrer Binnennachfrage vernachlässigt oder sogar systematisch zurückgefahren hatten. Die Triade aus Deutschland, Japan und China geriet in eine Abwärtsspirale und musste massiv gegensteuern. Aber auch Russland, mittlerweile ein Rohstoff exportierendes Land, erlitt massive ökonomische Verwerfungen. Vor allem aber wurde der hiesige Stolz auf den alljährlichen Titel »Exportweltmeister« zur Achillesferse der deutschen Wirtschaft. Deutschland und Japan mussten 2009 trotz Konjunkturspritzen Wachstumseinbrüche von über 5% hinnehmen.

Die Chinesen, die seit Jahrzehnten mit allen Tricks die globalen Märkte für Konsumgüter erobern, hatten leichteres Spiel als Deutschland und Japan. Sie konnten den Konsum der privaten Haushalte staatlich fördern und somit die fehlenden ausländischen Absatzmärkte durch die Binnennachfrage kompensieren. Der Nachholbedarf war immens. Endlich erreicht die Modernisierung Chinas auch breitere Schichten. Deutschland befindet sich in einer misslichen Situation. Man kann Exportrückgänge nicht einfach durch einen erhöhten Inlandskonsum kompensieren. Denn Deutschland exportiert hauptsächlich Investitions- und kaum Konsumgüter. Die privaten Haushalte kommen dafür nicht in Frage. Nur Bruttoanlageinvestitionen im Inland könnten den deutschen Maschinenbauern zugute kommen. Sie wurden aber nicht getätigt. In einer weltweit desaströsen Situation der Absatzmärkte lohnte es sich nicht zu investieren. Folglich brach zwangsläufig der Markt für Investitionsgüter und damit die deutsche Exportwirtschaft zusammen. Der deutsche Außenhandel ging rapide zurück. Auf dem Höhepunkt der Krise, in der ersten Jahreshälfte 2009, verzeichnete Deutschland immer noch einen Handelsbilanzüberschuss, allerdings auf einem niedrigen Niveau, wobei die Ausfuhren stärker schrumpften als die Einfuhren.

Der Rückgang des deutschen Außenhandels ist vor diesem Hintergrund nicht verwunderlich, weil über 90% der deutschen Ausfuhren in OECD-Staaten und entwickelte Schwellenländer gehen, die wesentlich stärker als der Rest der Welt von der Krise betroffen sind. Darin ist auch der Schlüssel zur Erholung der deutschen Exportwirtschaft zu suchen. Ihr Schicksal liegt in der Hand anderer Länder. Hier können die nationalen Politikmaßnahmen sehr wenig bewirken. Nur wenn sich die globalen Absatzmärkte dank geeigneter wirtschaftspolitischer Maßnahmen stabilisieren und die Konjunktur dort wieder an Fahrt gewinnt, besteht die Perspektive einer Normalisierung des Außenhandels. Hier kann die deutsche Politik wenig bewirken.

Aber auf die wirtschaftliche Entwicklung der EU hat die stärkste Volkswirtschaft einen erheblichen Einfluss. Der europäische Binnenmarkt ist mit über 63% der deutschen Ausfuhren maßgeblich für die deutsche Exportwirtschaft. Die Krise in der EU und insbesondere in der Euro-Zone hat sich seit dem Ausbruch der Krise in Griechenland und mittlerweile in den anderen Defizitländern weiter verschärft. Die Finanz- und Wirtschaftskrise erweiterte sich um die Staatskrise. Deutschland spielt dabei eine äußerst kontraproduktive Rolle. Die deutsche »Schuldenbremse« soll auch für die anderen

Länder der Eurozone zum Maßstab werden. Wenn die harten Sparauflagen für Griechenland sich im Rest der Euro-Zone und der EU fortsetzen, dann wird die Rehabilitation der europäischen Absatzmärkte in weite Ferne rücken – und damit auch die Erholung der deutschen Exportwirtschaft.

Nun werden in Deutschland volkswirtschaftliche Zusammenhänge zugunsten des kollektiven Selbstbetrugs der herrschenden Politik verdrängt. Die Schrumpfung der Kaufkraft auf dem wichtigsten Absatzmarkt Deutschlands soll durch den Anstieg der Exporte nach China kompensiert werden. Zwar ist der Anstieg der chinesischen Einfuhren aus entwicklungspolitischer Sicht völlig logisch. In der Krise können sich Entwicklungsländer wesentlich günstiger als im Aufschwung modernisieren. Und genau das tun die Chinesen. Sie sind auf Schnäppchenjagd. Aber Chinas Anteil an deutschen Ausfuhren beträgt nur rund 4%. Die volkswirtschaftlichen Grenzen können nicht ignoriert werden. China kann bisherige Wachstumsraten über 10% gar nicht verkraften. Die Überhitzungsgefahr ist jetzt schon die erste Sorge der Chinesen. Sie können vor diesem Hintergrund kaum zu dem Wachstumsmotor für die deutsche Exportwirtschaft werden. Eine Erhöhung der deutschen Ausfuhren im nennenswerten Umfang ist folglich kaum zu erwarten, neue Wachstumsimpulse aus China dürften begrenzt sein. Die Perspektiven einer nachhaltigen Stabilisierung des deutschen Außenhandels sind unter den Bedingungen einer europäischen Schuldenbremse und fehlender neuer Märkte eher düster.

Die Krise der internationalen Absatzmärkte führte zu massivem Produktionseinbruch und zu einem Anstieg der Arbeitslosenzahlen. Im Jahresvergleich nahm seit September 2008, also der Pleite von Lehman Brothers, die Arbeitslosigkeit dort, wo der Boom und der Beschäftigungszuwachs auf dem Immobilien- und Finanzmarkt stattfanden, am stärksten zu. Außerdem stieg die Arbeitslosigkeit in den Ländern stärker an, die in der Vor-Krisen-Zeit als äußerst flexibel und dereguliert galten. Während die USA durch eine ausgeprägte Deregulierung und Flexibilisierung der Güter-, Finanz- und Arbeitsmärkte geprägt sind, weshalb der Anstieg der Arbeitslosigkeit von 6,2 auf 9,8% kaum verwunderlich erscheint, erlebten wir innerhalb der Eurozone in Spanien und Irland eine dramatische Entwicklung. In Spanien beendete die Finanzkrise den Immobilienboom und damit auch den Beschäftigungsboom in diesem Sektor. Die Arbeitslosigkeit erreicht inzwischen die 20%-Marke. Die Dunkelziffer dürfte wegen des nicht unbeachtlichen Anteils der illegalen Beschäftigung noch höher sein. Vor allem Migranten sind die Leidtragenden dieser arbeitsmarktpolitischen Dramatik. In Irland erreicht die Arbeitslosigkeit die 13%-Marke und gibt der Auswanderung neuen Auftrieb.

Die Euro-Stars für Flexibilisierung und Deregulierung sind durch wesentlich schlechtere Arbeitsmarktdaten gekennzeichnet als die viel kritisierten Länder wie Deutschland und Österreich. Der Anstieg der Arbeitslosenzahl in der Euro-Zone ist dreimal höher als in Deutschland. Ohne Ausnahme haben alle Ökonomen die interne Flexibilität des deutschen Arbeitsmarktes unterschätzt. Allerdings hat die Politik mit der Verlängerung der Kurzarbeit einen beträchtlichen Anteil an der Stabilisierung des Arbeitsmarktes. Ohne Kurzarbeit hätten die Zeitarbeitskonten nicht ausgereicht, um die lange Durststrecke in den Betrieben zu überstehen.

Im Ausland fand »Kurzarbeit« ihren festen Platz in der Sprache der Ökonomen und wurde in der Krise neben der Abwrackprämie zum zweiten deutschen Exportschlager. Allerdings überschattet die Kurzarbeit die Entlassungswelle der Leiharbeiter. Sie waren die eigentlichen Leidtragenden auf dem deutschen Arbeitsmarkt. Insofern ist die arbeitsmarktpolitische Erfolgsstory Deutschlands zweigeteilt.

Im makroökonomischen Vergleich der internen und externen Flexibilisierung stabilisiert die interne Flexibilisierung den Konsum der privaten Haushalte, was in den Debatten um die Kurzarbeit wenig Beachtung gefunden hat. Immerhin werden die Einkommen trotz der geringfügigen Reduktion ununterbrochen fortgezahlt. Das Konsumverhalten aus der Vor-Krisen-Zeit bleibt weitgehend unverändert. Ferner stärkt kontinuierliche Beschäftigung die allgemeine Zuversicht der Menschen und beeinträchtigt das Konsumverhalten nicht zusätzlich. Nicht zuletzt gewährt diese Strategie den Fortbestand des Humankapitals in den Betrieben und verursacht keine unnötigen Kosten wie bei einer Einstellung neuer Arbeitskräfte, wenn die Krise beendet ist. Eine externe Flexibilisierung, die zu einer Entlassungswelle führt, bedeutet makroökonomische Unterbrechung. Eine wachsende pessimistische Grundhaltung kann Konsumzurückhaltung auch in Schichten auslösen, die einkommenspolitisch von der Krise gar nicht getroffen sind.

Der Zusammenbruch der Absatzmärkte löste auf der Angebotsseite einen massiven Preiswettlauf nach unten aus. Die Weltwirtschaft durchlief seit dem Ausbruch der Krise eine Preis-Lohn-Spirale: Der Preisdruck wird weitergeleitet auf die Löhne – mit der Folge, dass die Kaufkraft weiter sinkt und der Druck auf die Preise weiter wächst. Weltweit stand der Unternachfrage ein Überangebot gegenüber, am stärksten in der Automobilindustrie. Zum Teil wurden Autos unter den Herstellungskosten angeboten, um zumindest die Verluste zu minimieren. Diese Nachfragelücke begünstigte den weltweiten Preisverfall. Die Deflationsgefahr wurde real. In Erwartung weiterer Preissenkungen wurden Kaufentscheidungen aufgeschoben. Die Krise der Absatzmärkte verschärfte sich infolgedessen. Erst Konsumanreize wie die Abwrackprämie konnten die Kaufzurückhaltung immerhin zeitweise dämpfen.

Zusammenfassend hat die Weltwirtschaftskrise in den letzten zwei Jahren in allen Teilen der Welt soziale, ökonomische und politische Verwerfungen gezeitigt – wenn auch unterschiedlichster Ausprägung: der Zusammenbruch lokaler Märkte in den Entwicklungsländern, Hungersnöte und die damit einhergehende Zunahme insbesondere der Kinderarmut, die Unterbrechung der Entwicklungsperspektiven für exportorientierte Entwicklungs- und Schwellenländer, eine globale Kreditklemme, der Zusammenbruch monetärer Ströme zwischen den Volkswirtschaften, der Bedeutungszuwachs des informellen Sektors und der Schattenwirtschaft in vielen Regionen der Welt und nicht zuletzt die Rückkehr des versteckten und offenen Protektionismus prägen heute das Bild unserer Weltwirtschaft.

Ursachen der Krise

Der herrschende neoliberale Erklärungsansatz sieht in der Finanz- und Wirtschaftskrise keine systemische Krise. Der mythologisierende Vergleich mit Erdbeben oder Naturkatastrophen im Allgemeinen dient dazu, zum einen die Krise als etwas Unvorhersehbares zu erklären und sich der ideologischen Verantwortung zu entziehen. Zum anderen negiert er einen grundlegenden Kurswechsel in zentralen makroökonomischen Fragen. Man plädiert für bessere Frühwarnsysteme und mehr Aufsicht und will sodann wieder zur Tagesordnung übergehen.

Damit nicht genug. Die Krise zwinge zwar zur Unterbrechung der neoliberalen Therapie. Die krisenbedingt alternativlosen Maßnahmen (Schutzschirme!) lieferten aber zugleich die Begründung für die verschärfte Bekämpfung altbekannter Probleme: Es gelte, so der neoliberale Tenor, die krisenbedingten Auswüchse der Staatsfinanzen und die fehlende Reformbereitschaft – Strukturreformen auf dem Arbeitsmarkt – mit noch mehr Anstrengung und durch die Erhöhung der Dosis zu bekämpfen.

Damit haben die Marktradikalen erneut an Oberhand gewonnen. Die im ersten Jahr der Krise geführten Debatten über ihre Ursachen und die daraus folgenden Konsequenzen für das Krisenmanagement geraten immer mehr in den Hintergrund. Öffnet sich mit ihrer Wiederkehr als Staatskrise das »Window of Opportunity« noch einmal? Der Angriff der Spekulanten auf Griechenland, Portugal, Spanien und andere Defizitländer bietet eine zweite Chance, die Re-Regulierung der Finanzmärkte, die globalen Ungleichgewichte und die Verteilungsfrage, also auch die sozialen Folgen der Krise auf die politische Agenda zu setzen. Die Debatte um eine andere Analyse gilt es anzustoßen. Der rasante Aufstieg und Fall schwarz-gelber Regierungsträume zeigt, dass der neoliberale Erklärungsansatz jedenfalls keine nachhaltige Befriedigung erzeugt hat.

Aus gewerkschaftlicher Sicht ist die Finanz- und Wirtschaftskrise das Resultat neoliberaler und monetaristischer Politik der Deregulierung und Umverteilung und einer Politik der Marktgläubigkeit. Diese Politik wurde seit den 1980er Jahren unter der Doktrin des »Washington Consensus« zuerst von der Reagan-Administration und später von konservativen und neoliberalen Kreisen in Europa, aber auch in vielen Entwicklungs- und Schwellenländern mit desaströsen Folgen praktiziert.

Der Zusammenbruch der Institutionen von Bretton Woods durch den Missbrauch des US-Dollars zur Finanzierung des Vietnam-Kriegs, das Aufkommen konkurrierender Volkswirtschaften wie Deutschland und Japan und nicht zuletzt die inflationstreibende erste Ölpreiskrise beendeten die erfolgreiche keynesianische Ära der Nachkriegszeit. Neoklassische und monetaristische Gesellschaftsentwürfe wurden zu Drehbüchern marktzentrierter Gesellschaftsgestaltung. Nach drei Dekaden experimenteller Forschung und Praxis ist es an der Zeit, anhand der Krise die Vergeblichkeit ihrer Versprechungen nachzuweisen.

Die ideologische Untermauerung dieser monetaristischen Gesellschaftsentwürfe basierte auf der neoklassischen Annahme, dass entfesselte Märkte mit einer ausgeprägten Mobilität eine optimale Allokation der Produktionsfaktoren in einer freien Weltwirtschaft bewirken. Darauf folgende Anpassungsprozesse bewirken eine konvergente Entwicklung zwischen verschiedenen Volkswirtschaften. Das Kapital fließt in Form von Direktinvestitionen, Finanzinvestitionen oder Krediten in die Niedriglohnregionen und induziert dort eine nachhaltige Entwicklung. Dafür müssen die Wechselkursrisiken durch eine ausschließlich auf Preisstabilität fixierte Geldpolitik wegfallen. Die Devisenmärkte werden in einem Umfeld flexibler Wechselkurse dafür sorgen, dass immer ein neutraler Wechselkurs entlang der Leistungsfähigkeit verschiedener Volkswirtschaften entsteht. Dieser wird verschiedene Volkswirtschaften miteinander synchronisieren, womit Wettbewerbsverzerrungen eines festen Wechselkurssystems beseitigt werden.

Die Unterordnung der Politik unter die Disziplin der Märkte wurde seit den 1980er Jahren auch zum weltweit akzeptierten Paradigma: Die Anbetung des Marktes im Allgemeinen und des Finanzmarktes im Besonderen als die im Vergleich zu jeder Politik »klügere Instanz«, die entscheidet, was dem Gemeinwesen gut tut, war und ist Bestandteil und Voraussetzung dieser Ideologie.

Die Selbstentmachtung der Politik und die Machtübergabe an die Märkte läuft seit drei Dekaden über eine ununterbrochene Deregulierung auf allen Märkten. Der Wegfall der Kapitalverkehrskontrollen und die Abschaffung der festen zugunsten der flexiblen Wechselkurse waren institutionelle Voraussetzungen dafür, dass die Finanzmärkte sich entfalten und mit ihren vermeintlich rationalen Entscheidungen eine effiziente Allokation der Ressourcen bewirken würden. Gefördert wurde die Entwicklung durch technologische Innovationen, die eine nahezu zeitlose Mobilität des Kapitals rund um die Erde ermöglichten. Die wachsende Akzeptanz und Verbreitung von elektronischen Zahlungsmitteln sorgte dafür, dass die Finanzmarktakteure mit einer besseren Kapitalausstattung agieren konnten. Seit Mitte der 1990er Jahre stehen den Banken und Finanzinstituten immer neuere, »innovative« Instrumente zur Verfügung. Vor allem expandierte der Markt für Verbriefungen und Kreditderivate.

Die Finanzmärkte stiegen in den letzten 30 Jahren zu einem mächtigen Sektor mit eigenen Produkten und neuen Märkten auf. Gleichzeitig griff die Deregulierungsprogrammatik auf die weniger mobilen Märkte für Güter und Dienstleistungen über. Auch Arbeitsmärkte wurden zunehmend von dieser Flexibilisierungs- und Deregulierungsstrategie erfasst. Ferner wurden zunehmend öffentliche Güter den Zwängen des Marktes ausgeliefert. Ihnen wurden die Eigenschaften kommerzieller Güter zugeschrieben. Die Ideologie der Markteffizienz erfasste als Gegenbild zur »staatlichen Bevormundung« immer mehr Bereiche der Daseinsvorsorge. Der Kahlschlag öffentlicher Einrichtungen wurde massiv vorangetrieben und Deregulierung im täglichen Leben immer sichtbarer.

Der Wegfall der Regeln auf den Finanz- und Devisenmärkten, aber auch auf allen anderen Märkten erhöhte einerseits die Mobilität und die Dynamik der Märkte, schaffte aber gleichzeitig ein haltloses und unsicheres monetäres Umfeld, verursachte Existenzängste und bereitete nicht zuletzt zahlreichen Geschäftsmodellen den Weg, die sich die wachsende Unsicherheit der Individuen zunutze machten. Denn die Menschen konnten sich nicht mehr auf verlässliche Regeln und Verhaltensmuster verlassen. Sicherheit musste nun individuell gekauft werden. Risikominimierung wurde zu ihrer größten Sorge – und die Vermittlung eines Gefühls von Sicherheit der beste Weg, ihnen das Geld aus der Tasche zu ziehen. Devisen-, Termin-, Derivate- und Verbriefungsgeschäfte machten erst in diesem Umfeld Sinn. Deregulierungen führten zu immer mehr Unsicherheit und einer Individualisierung der sozialen Sicherungssysteme.

Auswirkungen der Liberalisierung, Deregulierung und Flexibilisierung der Märkte

Einer der instabilsten und gleichzeitig hochspekulativen Märkte ist der Devisenmarkt. Devisen sind das Bindeglied zwischen verschiedenen Währungsräumen. Die Wechselkurse der Währungen beeinflussen die Wettbewerbsfähigkeit der Länder, bestimmen die Kaufkraft der Menschen in anderen Währungsräumen und entscheiden über den Vermögensbestand der Nationen. Wechselkurse sind der Wertstandard für jede offene Volkswirtschaft und können die Entwicklung der Länder, die Lohnhöhe und den Lebensstandard der Menschen beeinflussen.

Je offener eine Volkswirtschaft ist, umso wichtiger sind die Wechselkurse und deren Entwicklung. Die neoklassische und neoliberale Freihandelsdoktrin, die den Geist der Welthandelsorganisation WTO prägt, fördert die weitestgehende Öffnung der nationalen und regionalen Märkte. Das Ziel ist die Schaffung eines integrierten und arbeitsteiligen Weltmarktes, auf dem nahezu alle Mobilitätshindernisse beseitigt sind. Mit der zunehmenden Öffnung der Volkswirtschaften steigt die Bedeutung ausländischer Märkte bei der Versorgung der nationalen Volkswirtschaften. Jede Handelsbeziehung, jeder Kreditkontrakt und jede Investitionsentscheidung in und zwischen den Währungsräumen wird von den Wechselkursen und Wechselkurserwartungen determiniert.

Allerdings gibt es Währungen, die aufgrund ihrer hohen internationalen Reputation die Benchmark setzen. Dazu gehören in erster Linie der US-Dollar und der Euro sowie der Schweizer Franken, das britische Pfund und der japanische Yen. Daraus ergibt sich eine hierarchische Ordnung. Alle anderen Währungen müssen sich der Benchmark unterordnen und können diese Ordnung für eine autonome Geldpolitik nur um den Preis monetärer Verwerfungen und Isolation ignorieren. Dieser Zustand war auch in der Bretton-Woods-Ära in seiner hierarchischen Struktur nicht anders. Allerdings war sie durch feste Wechselkurse und Beistandspflichten der teilnehmenden Zentralbanken, vor allem der amerikanischen Zentralbank Fed, gekennzeichnet. Dieser Zustand ermöglichte insbesondere den sogenannten Schwachwährungsländern, aber auch allen anderen Marktteilnehmern eine dauerhafte monetäre Stabilität und Planungssicherheit. Die Entwicklung der Wechselkurse war irrelevant für Entwicklung der Volkswirtschaften. Die Devisenmärkte hatten keine preisbildende Funktion. Erst nach dem Zusammenbruch des festen Wechselkurssystems von Bretton Woods und durch das Aufkommen eines Multiwährungsstandards und der konkurrierenden Währungen wurde diese Stabilität begraben. Allerdings haben die Leit- und Anlagewährungen ihre Bedeutung nicht verloren. Nur trat die organisierte und politisch steuerbare monetäre Ordnung zugunsten der Marktmacht von der Bühne der Währungsbeziehungen ab. Damit wurde der Weg frei für Devisenhändler, die erkannt hatten, dass sich mit einfachen Kapitalbewegungen und aus den geringen Wechselkursschwankungen viel Geld verdienen lässt. Diese Möglichkeit führte zur wachsenden Volatilität der Wechselkurse. Die Wechselkursunsicherheiten nehmen seitdem massiv zu.

Das Ergebnis der fehlenden monetären Ordnung ist die Expansion des Devisenhandels. Der tägliche Devisenhandel betrug 2007 durchschnittlich vier Billionen US-Dollar, wobei an 96% des Devisenhandels immer eine starke Währung beteiligt ist. Allein der Handel zwischen US-Dollar und Euro hat einen Marktanteil von mehr als 26%. Kleine Wechselkursänderungen ermöglichen den Spekulanten und den Devisenhändlern ungeahnte Gewinnmöglichkeiten. Devisenspekulationen beherrschen zunehmend den Devisenmarkt. Wechselkurse entkoppeln sich immer stärker von der wirtschaftlichen Leistungsfähigkeit des Währungsraums und vor allem der Dollar- und Euroraum werden massiv gegeneinander ausgespielt.

Die wachsende Volatilität der Wechselkurse hat sich mit dem Ausbruch der Finanz- und Wirtschaftkrise noch weiter verschärft. Vor allem die Devisenspekulation wurde als ein Instrument massiv zur Sanierung der Bankenbilanzen eingesetzt. Hinzu kommen Gewinne, die dank der Wechselkursunsicherheit über Devisentermingeschäfte und weitere in Fremdwährungen denominierten Kreditderivaten anfallen.

Mit dem Ausbruch der Griechenland-Krise hat die Devisenspekulation ebenfalls zugenommen. So haben Hedgefonds in einem zweiten Anlauf mit sehr hohen Wetteinsätzen auf den Staatsbankrott Griechenlands und anderer Euro-Länder begonnen, den Euro-Wechselkurs auf Parität zum US-Dollar zu drücken. Laut »Wall Street Journal« hielten Hedgefonds wie SAC Capital Advisors LP and Soros Fund Management LLC auf einer privaten Veranstaltung (»idea dinner«) in Manhattan eine Euro-Dollar-Parität für wahrscheinlich. Der legendäre Devisen-Spekulant George Soros erklärte daraufhin öffentlich, der Euro könne auseinanderbrechen, sollte die EU die Probleme in Griechenland nicht in den Griff bekommen. Wurde so der Angriff auf den Euro und die Euro-Länder gestartet? Der Ablauf der Ereignisse grenzt an organisierte Kriminalität. In diesem Szenario wird ein Domino-Effekt in der Euro-Zone ausgelöst, indem Land für Land die Ratings herabgestuft werden, bis der gesamte Währungsraum auseinanderbricht.

Die Rechnung scheint aufzugehen: Der Dominoeffekt wurde durch den Angriff auf Griechenland als schwächstes Glied der Euro-Familie ausgelöst und scheint sich mit der Herabstufung der Kreditwürdigkeit Portugals und nun auch Spaniens fortzusetzen. Längst haben es die Hedgefonds auch auf starke Währungen wie den Euro abgesehen. Die Finanzmärkte und die Ratingagenturen haben die Eurozone in Geiselhaft genommen. Sie konnten in der Finanz- und Wirtschaftskrise einschlägige Erfahrungen sammeln.

Die Hedgefonds können solche Angriffe auf Währungen organisieren, weil der monetäre Ordnungsrahmen keine zuverlässigen Instrumente gegen Spekulationen besitzt. Die Zentralbanken und die Politik haben sich seit dem Ende des Systems von Bretton Woods faktisch entmachtet. Noch sitzt der naive Glaube an eine bessere Allokation des internationalen Kapitals durch Finanz- und Devisenmärkte tief. Nun sehen die Währungshüter der Eurozone die Auswüchse der Spekulation vor ihrer Haustür. Die Devisenspekulationen richten sich längst nicht mehr allein gegen schwache Währungen.

Ein anderes Beispiel für wachsende Unsicherheit der Märkte ist das Aufkommen der Derivate. Das Handelsvolumen von Derivaten, also Wetten auf die Kursentwicklung anderer Wertpapiere, z.B. von Währungen oder Rohstoffen, war im Jahr 2007 50-mal höher als das Weltsozialprodukt. Allein der Handel mit außerbörslichen Kreditderivaten betrug 2007 596 Billionen US-Dollar. Ein Beispiel für die Expansion solcher Geschäfte: Der Handel mit CDS (Credit Default Swaps), also Kreditderivaten als Versicherungen gegen die Kreditausfallrisiken stieg zwischen 2002 und 2007 stetig von zwei Billionen auf fast 60 Billionen US-Dollar. 90% des Handels mit CDS wird von drei amerikanischen Investmentbanken, der Deutschen Bank sowie der Barclays Group durchgeführt. Hätte man die Summe dieser Kredite in Bargeld getauscht, hätte man damit sämtliche Güter und Dienstleistungen, die die Menschheit 2008 erwirtschaftet hat, zehnmal kaufen können!

Damit wird deutlich, dass Deregulierung, Liberalisierung und Flexibilisierung uns eine Welt voller Unsicherheiten beschert haben, die für den größten Teil der Volkswirtschaften und Menschen neue Risiken und für einen kleineren Teil der Finanzmarktakteure gigantische Einkommens- und Gewinnquellen gebracht hat.

Neben der Deregulierung vor allem der Finanzmärkte, die als institutionelle Ursache für die aktuelle Krise gelten, haben zwei andere Entwicklungen das Aufkommen einer derartigen Krise begünstigt. Zum einen eine weltweite Umverteilung des Reichtums von unten nach oben und zum anderen die wachsenden globalen Ungleichgewichte.

Während die Deregulierungen die Gründung und Inbetriebnahme von globalen Casinos ermöglichten, sorgte die Umverteilungspolitik für die Bereitstellung von Spielgeld. Die wachsende Umverteilung führte dazu, dass das Produktionspotenzial weltweit immer größer wurde. Aber die Kaufkraft bzw. weltweite Nachfrage wuchs nicht im Gleichschritt mit. Die bereitgestellten

Güter konnten nur absorbiert werden, weil die USA als globaler Konsument das überschüssige Angebot in den vergangenen Dekaden nachfragten. Die USA sorgten als Lokomotive der Weltwirtschaft mit ihrem Konsum für das weltweite Wachstum insbesondere der exportorientierten Länder.

Die globalen Ungleichgewichte gleichen im internationalen Kontext einer Umverteilung. Die Überschussländer haben wie die Vermögenden ein Anlageproblem. Die Länder mit hohen Dollar-Einkommen suchen nach Anlagemöglichkeiten im Dollar-Raum, die Vermögenden in den weltweiten Casinos. Damit entsteht eine weltweite Vermögensschwemme, die für spekulative Geschäfte eingesetzt werden kann. Die Gewinnmaximierung im internationalen Casino geht mit mehr Risikobereitschaft und mehr Instabilität einher.

Die wachsende Umverteilung des globalen Reichtums schlägt sich in den wichtigsten Volkswirtschaften der Welt in einer sinkenden Lohnquote nieder. In allen OECD-Staaten ist die Lohnquote als Anteil der Arbeitnehmerentgelte am Volkseinkommen gesunken. Begünstigt durch steuerliche Förderungen der Unternehmens- und vor allem Vermögenseinkommen, etwa durch die Abgeltungssteuer in Deutschland, vergrößerte sich die Kluft zwischen den realen Arbeits- und den realen Vermögenseinkommen.

Die Umverteilung von unten nach oben ist für die herrschende ökonomische Lehre kein Problem: Einkommensgefälle seien per se gut für Leistungsanreize. Diese wachsende Ungleichheit wurde vor dem Hintergrund des globalen Standortswettbewerbs politisch auf mehreren Ebenen durchgesetzt. Es kam zur

- Förderung des Niedriglohnsektors,
- steuerlichen Privilegierung des Kapital- und Vermögenseinkommens,
- Senkung der Unternehmenssteuern,
- Reduzierung oder Abschaffung von Vermögens- und Erbschaftsteuer etc.

Die Folge war einerseits eine Vermögensschwemme bei den oberen sozialen Schichten und andererseits die verschlechterte Einkommenssituation der privaten und öffentlichen Haushalte. Das Ergebnis ist nicht nur sozialpolitisch verwerflich. Auch volkswirtschaftlich entsteht ein wachsendes Ungleichgewicht zwischen dem Geld- und Vermögensangebot einerseits und der Kreditnachfrage andererseits.

Die weltweite Umverteilung führte zu einer stetig divergierenden Entwicklung des Weltsozialprodukts und dem Weltfinanzvermögens. Im Jahr 2007, also am Vorabend der Krise, war das weltweite Finanzvermögen um das 3,6-fache höher als das Weltsozialprodukt. Diese Vermögensschwemme stellt ein systemisches Risiko für die Weltwirtschaft dar. Die ideologische Untermauerung der Umverteilungspolitik wurde realwirtschaftlich begründet. Unter dem Modebegriff »Globalisierung« wurden einerseits die Vorteile des größer gewordenen Weltmarkts als Chance suggeriert, andererseits auf die angebliche Gefahr des Kapitalsentzugs durch die Finanzmärkte hingewiesen, falls nationale Volkswirtschaften mit höheren Steuern drohten. Das steuerliche Privileg für Vermögens- und Gewinneinkünfte wurde mit dem Argument eines besseren Investitionsklimas begründet. Letztendlich würden die niedrigeren Steuersätze zu mehr Investitionen, Beschäftigung und nicht zuletzt Steueraufkommen führen. Gewinne von heute seien Investitionen, Jobs und höhere Steueraufkommen von morgen.

Die Realität aber widerlegt diese Behauptung. Der Vergleich des Verhältnisses von Investitionen zu Betriebsüberschuss in den wichtigen OECD-Ländern in den letzten 40 Dekaden zeigt einen entgegengesetzten Trend. In der vermeintlich überregulierten Welt der 1970er Jahre mit zu hohen Steuern und unflexiblen Arbeitsmärkten wurde ein höherer Anteil des Betriebsüberschusses für Investitionen ausgegeben als in der deregulierten Welt mit einer eher liberalen Wirtschafts-, Geld-, Fiskal- und Sozialpolitik. Eine Ausnahme bildet nur Japan. In Deutschland hingegen wurde immer weniger Betriebsüberschuss für Investitionen ausgegeben – in keinem anderen Land sind die Re-Investitionen so stark gesunken.

Ein Beispiel für eine wachsende Ungleichheit und eine ungleiche Verteilung des weltweiten Volkseinkommens liefert die Entwicklung der Vermögensverteilung und die damit einhergehende Vermögenskonzentration auf der einen und des steil ansteigenden Schuldenbergs auf der anderen Seite. In Deutschland hat sich zwischen 1993 und 2007 das Vermögen des oberen Zehntels der Gesellschaft um 37% erhöht, während sich die Schulden des unteren Zehntels verachtfacht haben. Im Jahr 2007 besaß das oberste Prozent rund 25%, während die untere Hälfte der Bevölkerung summa summarum kein Vermögen besitzt. Die heiß umworbene Mitte der Gesellschaft ist im Begriff, sich vermögenstechnisch aufzulösen. Weltweit ist die soziale Polarisierung der Gesellschaften in vollem Gange.

Wachsende Umverteilung macht die privaten Haushalte nicht nur arm, sondern auch kreditunwürdig. In Deutschland ist fast die Hälfte der privaten Haushalte per Definition nicht kreditwürdig. Folglich wird das brachliegende Vermögen von der Volkswirtschaft nicht absorbiert und landet bei Vermögensverwaltern, die es weltweit für ihre Wetteinsätze verwenden. Die Gewinne wandern in saftige Provisionen für Investmentbanken und hohe Renditen für Vermögende.

Die wachsende Vermögensschwemme – im Inland dank Umverteilung nicht absorbiert – suchte nach Anlagemöglichkeiten im Ausland. Vor allem unterkapitalisierte Länder wie die südeuropäischen Staaten wurden zu Kapitalimporteuren. In der Eurozone haben sich deutsche Anleger und Kreditinstitute wegen der vergleichsweise höheren Zinsen und guten Dividenden massiv ausgebreitet. Aber nicht nur dort. In den osteuropäischen Staaten, als Mitglieder des festen Europäischen Wechselkurssystems EWS II – alle Euro-Anwärter –, herrschte de facto kein Wechselkursrisiko. Auch andere Länder wurden zum Ziel deutscher Kapitalexporteure. Dazu hat vor allem der Wettbewerbsvorsprung des deutschen Finanzmarkts massiv beigetragen. Zum einen sind die deutschen Kreditinstitute im Vergleich zu den meisten Kreditinstituten in den kapitalimportierenden Ländern effektiver und wettbewerbsfähiger. Damit haben sie verhältnismäßig geringere Kosten als ihre Konkurrenten vor Ort. Zum anderen verfügen sie über eine ausgezeichnete Kapitalausstattung.

Das Vertrauen der Deutschen in ihr Bankensystem ist trotz der Bankenkrise immer noch erschütternd hoch. Das ermöglicht den deutschen Banken mit einer im europäischen Vergleich günstigen Kapitalausstattung auf den andern Märkten zu agieren. Allein zwischen Oktober 2008 und Oktober 2009 hat die Europäische Zentralbank die Leitzinsen um insgesamt 76% herabgesetzt. Ein historischer Tiefstand. Die Banken senkten die Zinssätze für einjährige Spareinlagen hierzulande aber um stolze 82%. Die Kreditzinsen fielen hingegen nur um 48%. Im gleichen Zeitraum sind im Euroraum die Zinssätze für Einlagen synchron zum EZB-Leitzins um 77%, die für Kredite um 55% gefallen, wobei die Kreditzinsen in Deutschland auch aufgrund der historisch sehr niedrigen Inflation immer noch niedriger sind als die der ausländischen Konkurrenten. Folglich haben die Banken nicht nur immer mehr Kredite an Kunden im Ausland vergeben. Viele ausländische Kunden ohne Wohnsitz in Deutschland haben hierzulande auch günstige Kredite aufgenommen. Allein zwischen 1999 und 2008 exportierten Deutsche nahezu 3,5 Billionen Euro ins Ausland. Im gleichen Zeitraum erzielten sie Vermögenseinkommen von insgesamt knapp unter 1,1 Billionen Euro, wobei die Zinserträge 584 Mrd. und die Dividendeneinkünfte 509 Mrd. Euro betrugen. Das Ergebnis entspricht erstaunlicherweise der Kapitalrendite der Deutschen Bank im zweiten Quartal 2010, nämlich 31%. Die Kapitalexporte wurden immer attraktiver, auch dank weltweit niedriger Steuersätze für Vermögenseinkommen gegenüber anderen Einkommensarten, insbesondere dem Arbeitseinkommen – und wie immer mit dem Argument des Standortwettbewerbs.

Deutschland ist aufgrund dieser Umstände mit einem doppelten Problem konfrontiert: einem zunehmenden Kapital- und gleichzeitig einem Handelsbilanzüberschuss. Im Umkehrschluss sind andere Länder dem Problem des doppelten Defizits auf dem Kapital- und dem Gütermarkt ausgeliefert. Damit erreichen die Ungleichgewichte eine andere Dimension. Deutschlands Position als Export-(Vize-)Weltmeister ist nur ein mittlerweile bekanntes Teil des Problems der globalen Ungleichgewichte.

Neben der wachsenden Einkommens- und Vermögensumverteilung von unten nach oben, die zu massiven Ungleichgewichten innerhalb der Volkswirtschaften geführt hat, muss man auf die globalen Ungleichgewichte als dritte Ursache der Krise hinweisen. Diese werden in der aktuellen Krise in den südeuropäischen Staaten erneut debattiert. Globale Ungleichgewichte resultieren aus der weltweit wachsenden Ungleichheit, die eine systemische Schwächung der weltweiten Nachfrage gegenüber dem weltweiten Produktionspotenzial ausgelöst hat. Nachfragepotenzial und Hunger nach Konsumgütern existieren, aber die Kaufkraft wächst nicht entlang des weltweiten Produktionspotenzials, wodurch die Anzahl zahlungsfähiger Konsumenten nicht im Gleichklang zum Angebot wächst.

Daraus folgt eine globale Nachfragelücke, die bei einem Fortgang der weltweiten Umverteilung von unten nach oben dazu führt, dass die Märkte langsamer wachsen als das Produktionspotenzial. Daraus entsteht eine stetig drohende Überproduktion, was man exemplarisch am Automobilmarkt beobachten kann. In der Vergangenheit haben hauptsächlich die USA die weltweite Produktion absorbiert. Die Konsumzurückhaltung des Rests der Welt wurde durch eine kreditfinanzierte Überkonsumtion der USA ausgeglichen.

Dieser Konsum wurde in erster Linie unter Inkaufnahme der Überschuldung der unteren und mittleren Einkommensgruppen realisiert. Aber auch der amerikanische Staat spielte als Großkonsument und Investor eine stabilisierende Rolle. Von diesem globalen Ungleichgewicht haben vor allem die klassischen Überschussländer Deutschland, Japan und neuerdings China profitiert. Mittlerweile verfolgen andere Regionen wie die lateinamerikanischen Staaten und weitere ostasiatische Staaten die gleiche Entwicklungs- und Wachstumsstrategie wie diese Überschussländer.

Dieser Zustand der wachsenden globalen Ungleichgewichte ist aber dauerhaft nicht haltbar, denn die Defizite müssen finanziert werden. So steigt der Schuldenstand der Länder in Fremdwährung. Sie müssen immer neue Kredite aufnehmen, um die Tilgungs- und Zinskosten für alte Kredite zu begleichen. Die Amerikaner haben noch eine zweite Option: Als Leitwährungsland drucken sie das für den Konsum benötigte Geld selbst. Die Federal Reserve kauft unbegrenzt amerikanische Staatsanleihen und emittiert immer mehr Dollars. Zugleich legen die Chinesen ihre Dollarüberschüsse in amerikanische Staatsanleihen an. In Europa kaufen die Deutschen, Schweizer und Franzosen die Staatsanleihen der Defizitländer wie im Falle Griechenlands.

Diese globalen und internen Ungleichgewichte können nur so lange weitergehen, wie die Gläubiger an die Zahlungsfähigkeit der Schuldner glauben, ja sogar daran richtig Geld verdienen können. Bricht der Markt aber zusammen bzw. wird die Zahlungsfähigkeit massiv beeinträchtigt wie im Falle der USA im Zuge der aktuellen Finanzkrise oder wie im Falle der Abnahmeländer der deutschen Exportwirtschaft in Süd- und Osteuropa, dann haben die Überschussländer ein doppeltes Problem: Zum einen können sie weniger in diese Märkte exportieren und müssen deshalb stärkere Wachstumseinbrüche hinnehmen. Zum anderen verlieren diese Märkte ihre Attraktivität als Anlagemärkte für Finanzinvestitionen.

Hauptnutznießer dieser Konstellationen ist die Triade aus Deutschland, Japan und neuerdings China. Gefolgt von vielen Entwicklungs- und Schwellenländern, die ebenfalls auf eine exportorientierte Wachstums- und Entwicklungsstrategie setzen; Mittel- und osteuropäische Staaten, der Mittlere Osten und lateinamerikanische Staaten sind zu Nachahmern dieser Triade aufgestiegen.

Nun bricht mit der Krise auch die Zahlungsfähigkeit des Hauptkonsumenten ein. Das schlägt auf die US-amerikanische Konsumlaune. Die bisherige Wachstums- und Entwicklungsstrategie scheint als *best practice* ausgedient zu haben.

Damit hat das Leitbild neoliberaler Wirtschafts- und Gesellschaftsordnung drei zentrale systemische Probleme: Zum einen die prinzipielle Ordnungs- und damit auch gesellschaftliche Orientierungs- und Ziellosigkeit durch den Vorrang der Marktüberlegenheit gegenüber den staatlichen Regulierungen. In diesem Weltbild ist ein übergeordneter und strikter Handlungsrahmen nicht erforderlich. Denn Individuen sorgen in Interaktionen miteinander für eine spontane, aber optimale Ordnung, wobei jede Aktion jedes Individuums vor dem Hintergrund einer individuellen Nutzenmaximierung stattfindet. Allerdings bringt eine deregulierte Welt viele Risiken, die das Individuum selbst auffangen muss: das Risiko des Jobverlustes, des Wohnungsverlustes, des Vermögensverlustes, der Altersvorsorge etc. Um diese Risiken zu minimieren wird jeder genötigt, Kosten für die Absicherung aufzubringen. Dadurch entstehen neue Märkte, die in einer regulierten Welt keinen Sinn machen. Ein Beispiel hierfür ist in Deutschland die private Altersfürsorge. In einem armutsfesten gesetzlichen Rentensystem wäre sie im Grunde überflüssig.

Das zweite systemische Problem der herrschenden Lehre ist die internationale Vermögensschwemme, die durch eine Politik der Reichtumspflege und der Umverteilung von unten nach oben entstanden ist. Und das dritte systemische Problem besteht in der Fehlallokation des Kapitals durch den

Marktmechanismus. Denn diese Vermögensschwemme wird anders als in der herrschenden neoliberalen Lehre nicht zu Zinssenkung und mehr Investitionen führen, sondern als Spielgeld im internationalen Casino eingesetzt. Dabei spielen die genannten Vermögensverwalter eine zentrale Rolle. Sie haben sich zur Aufgabe gemacht, als professionelle Zocker für Reiche das Vermögen mithilfe immer neuerer und pfiffigerer Geschäftsideen und Finanzprodukte renditeträchtig einzusetzen. Erst dann wird der Link zwischen dem weltweiten Reichtum und neuen Anlagemöglichkeiten via Vermögensverwalter und Investmentbanken hergestellt.

Finanzmarktkapitalismus am Ende?

Eigentlich muss nach der empirischen Beweisführung die Einsicht in die Notwendigkeit eines radikalen Paradigmenwechsels triviale Züge angenommen haben. Denn das neoliberale Experiment hat weltweit zu sozialen, ökonomischen und ökologischen Verwerfungen geführt. Mit jedem Expansionsfortschritt des Finanzmarktkapitalismus haben auch die Risiken des Systems in Gestalt von unterschiedlichen Krisen zugenommen. Waren zuerst die Entwicklungs-, Schwellen- und anschließend die Transformationsländer von Krisen betroffen, sind nun die Geburtsstätten des Finanzmarktkapitalismus zum Opfer eines ökonomisch zutiefst instabilen und sozial und ökologisch vollständig blinden Systems geworden. Damit nicht genug: Gemessen an ihrer Rationalitätsbehauptung waren die Märkte äußerst ineffizient. Kapitalvernichtungen im großen Stil trafen auch die Reichen. Selbst Banken und Versicherungen konnten nur dank staatlicher Rettungsaktionen und billigen Zentralbank-Geldes stabilisiert werden.

Aber nach monatelangen Debatten über Ursachen und Folgen der Krise sind einige Maßnahmen weiterhin vom neoliberalen Geist geprägt. Nach ersten Anzeichen einer Mini-Erholung lautet das Credo: Es muss wieder gespart werden. Der Staat habe sich für die Krisenbekämpfung übernommen. Nun seien Ausgabenkürzungen unvermeidbar. Vor allem im Land der Dichter und Denker scheint das Denken vollständig ausgesetzt zu sein. Auf dem Höhepunkt der Krise wird eine fiskalische Selbstkasteiung namens »Schuldenbremse« als Instrument zur Zukunftssicherung installiert. Ein juristisches Konstrukt, dessen Verletzung zum leidigen Thema zukünftiger Politikergenerationen wird – weltfremd, unsinnig, heuchlerisch.

Dabei zeigte das internationale Krisenmanagement zunächst vielversprechende Ansätze. Bei ersten Anzeichen der Tiefe der Krise hat die internationale Politik gehandelt. Allerdings waren viele Maßnahmen unterschiedlich konditioniert, ohne jede Koordinierung und ohne eine zukunftsweisende Strategie. Richtig und wichtig war die schnelle Reaktion, um einen Flächenbrand zu verhindern. In Deutschland wuchs die Erkenntnis zwar langsamer als im angelsächsischen Raum; die Krise wurde als eine US-amerikanische bezeichnet. Noch im Sommer 2008 wies die damalige Bundesregierung die Forderung des DGB nach einem Konjunkturprogramm in Höhe von einem Prozent des BIP strikt zurück. Erst die Pleite der Investmentbank Lehman Brothers im September 2008 konfrontierte Angela Merkel und Peer Steinbrück mit der harten Realität. Nach einigen Wochen »blinde Kuh«-Spiel wurde Ende des Jahres 2008 ein erster konjunktureller Wiederbelebungsversuch unternommen.

Seit Ende November forderte der DGB angesichts der Tiefe der Krise ein dreijähriges Konjunkturprogramm in Höhe von jährlich 3% Prozent des BIP. Investitionen in Bildung, Infrastruktur, ökologische Modernisierung und soziale Sicherungssysteme sollten nicht nur für eine Erholung der Binnennachfrage sorgen, sondern das Land auch auf zukünftige Herausforderungen vorbereiten. Ein solches ambitioniertes Programm wurde auch im zweiten Konjunkturpaket der Bundesregierung im Frühjahr 2009 nur in Ansätzen realisiert. Immerhin waren die Industriegewerkschaften mit ihren Forderungen nach einer Abwrackprämie und der Ausweitung der Kurzarbeit erfolgreich. Beide Maßnahmen wurden zu konjunkturpolitischen Exportschlagern. Insgesamt blieben die beiden von der Bundesregierung verabschiedeten Konjunkturpakete in ihrem Umfang weit unter den Erwartungen. Die europäischen Staaten blieben in ihrer Beurteilung der Wirksamkeit von Konjunkturspritzen sehr skeptisch und zurückhaltend, während die USA, Japan und auch China kräftig und zügig handelten.

Das ist bis heute auch einer der ausschlaggebenden Gründe, warum Europa trotz aller Beteuerungen der politischen Klasse und der ökonomischen Zunft keinen kräftigen und robusten Wachstumspfad erreicht hat, während China mittlerweile die Krise erfolgreich überwinden und ein stabiles Wachstum einleiten konnte. Auch die Lage der US-Wirtschaft ist zufriedenstellender.

Die deutschen Konjunkturpakete haben aufgrund ihres Umfanges und ihrer Instrumente einen beschränkten Wirkungsgrad. So haben Steuer- und Abgabesenkungen erwartungsgemäß keine Konjunktur belebende Wirkung entfalten können. Die Wachstumseffekte der beiden Maßnahmen waren mit 0,5% gering und konnten keine nennenswerte Beschäftigungseffekte nach sich ziehen. Die Verlängerung der Kurzarbeit hingegen war der beste makroökonomische Schachzug. Denn sie hat nicht nur das Beschäftigungsniveau stabilisiert, sondern dafür gesorgt, dass der Konsum der privaten Haushalte über einen längeren Zeitraum relativ stabil blieb und damit einen vollständigen Zusammenbruch der deutschen Volkswirtschaft verhinderte.

Sehr umstritten bleiben bis heute die Bankenrettungsaktionen der Staatengemeinschaft und der führenden Zentralbanken. In Deutschland kostete die Krise knapp 200 Mrd. Euro. Rund die Hälfte, also 98 Mrd. Euro, wurde zur Rettung der Banken ausgegeben. Die Garantien und Bürgschaften sind dabei noch nicht berücksichtigt. Ferner dürfen die Banken in Europa ihre (im Verlauf der Krise faul gewordenen) Forderungstitel wie *Asset Backed Securities* (ABS) und ungedeckte Bankschuldverschreibungen als Sicherheit bei der EZB hinterlegen und erhalten bis heute dafür frisches Geld zu einem Zinssatz von 1%. Mittlerweile machen toxische Forderungen 65% der Aktiva der EZB-Bilanz aus. Eine Pleite der Banken würde eine Pleite der EZB zur Folge haben. Die EZB ist längst ihren Bankenschuldnern ausgeliefert und kann ihnen den Geldhahn nicht mehr zudrehen.

Problematisch an diesen Bankenrettungen ist, dass der Staat auf jede Gegenleistung in Form von Eigentumsrechten an notleidenden Banken nahezu verzichtete. Dieses Verhalten förderte sogar die Risikofreudigkeit der Banken. Nun versuchten die gerade vor dem Bankrott bewahrten Banken, sich mit Spekulationen an den Finanz- und Rohstoffmärkten zu sanieren. So ist kaum noch nachvollziehbar, dass die Rohstoff- und Aktienpreise steigen, während sich die Absatz- und Produktionszahlen gerade stabilisiert haben und die Weltwirtschaft noch in der Rezession steckt.

Zusammenfassend ist festzuhalten, dass die Risikopotenziale weder reduziert noch beseitigt wurden. Die Krise in der Euro-Zone bestätigt gerade in aller Brutalität das Vernichtungspotenzial deregulierter Finanzmärkte.

Lehren aus der Krise

Die Ereignisse in Griechenland, die Krisengefahr in Portugal und Spanien und massive Ungleichgewichte in der Eurozone zeigen erneut, dass der Finanzmarktkapitalismus keine Perspektive hat.

Vor der Krise ist nach der Krise. Die Krise politisch zu bekämpfen ist wichtig. Gleichzeitig müssen jedoch grundlegende Lehren gezogen werden. Hier gilt es in erster Linie, die Gestaltungshoheit des demokratischen Staates und seiner Institutionen zurückzuerlangen und die Marktlogik, vor allem auf den Finanzmärkten, zurückzudrängen. Damit soll die spezifische Regulation des Finanzmarktkapitalismus, die sich an den kurzfristigen Renditeinteressen der Anleger und ihrer ökonomischen Agenten ausrichtet, durch staatliche Institutionen ersetzt werden. Der Ordnungsrahmen für eine soziale, ökologische und humanistisch ausgerichtete Langfristorientierung der Wirtschaft und Gesellschaft muss geschaffen werden. Damit soll der Staat erneuet im Zentrum der Zukunftsgestaltung moderner Gesellschaften seinen Platz finden.

Die Voraussetzungen erschienen zu Beginn der Krise günstig. Das neoliberale Markt- und Staatsverständnis hatte jegliche politische Legitimation verloren. Der bis dato gehasste und verachtete Staat wurde mit Bankenrettungsschirmen, Konjunkturpaketen, aktiver Arbeitsmarkt- und Industriepolitik zum Retter letzter Instanz. Ohne ihn wäre die Wirtschaftsordnung längst zusammengebrochen. Ohne Staat und Zentralbanken wären viele Märkte nicht mehr existent. Der Mythos von sich selbst steuernden Märkten war längst entzaubert. Erneut hat die Krise gezeigt, dass Märkte sozial und ökologisch blind sind. Sie verursachen massive Verwerfungen. Denn es existiert keine marktlogische soziale Form der Kapitalverwertung. Das Soziale am Kapitalismus ist immer das Resultat von verteilungspolitischen Auseinandersetzungen und staatlichem Korrektiv. Diese Erkenntnis muss in die Auseinandersetzung um die Zukunftsgestaltung der kapitalistischen Systeme erneut Eingang finden. Die reformpolitische Herausforderung der Zukunft besteht in der umfassenden sozialen und ökologischen Regulierung des modernen Kapitalismus.

Auf den drei Ebenen der neoliberalen Gegenoffensive gegen den Wohlfahrtsstaat wurden in den letzten 30 Jahren massive ordnungspolitische, institutionelle, verteilungs- und entwicklungspolitische Schritte unternommen. Diese gilt es zurückzudrängen, um mit einer Green-New-Deal-Strategie einen modernen, zukunftsfähigen sozialen und grünen Wohlfahrtsstaat aufzubauen.

Wir brauchen hierfür einen neuen Ordnungsrahmen für die internationalen Finanzmärkte. Dieser sollte langfristige Realinvestitionen fördern und kurzfristige Spekulation diskriminieren. Banken sollen sich wieder auf ihre Kerngeschäfte der Kreditgewährung konzentrieren und der Realwirtschaft dienen. Deswegen müssen Prävention, Haftung und Langfristorientierung gestärkt werden. Wettgeschäfte auf den Finanzmärkten wie Kreditderivate und Leerverkäufe gehören verboten. Exemplarisch helfen ein TÜV für Finanzmarktprodukte, striktere Eigenkapitalanforderungen und eine »Schufa für Banken«, um künftig besser vorzubeugen. Alle Bankgeschäfte müssen sich in den Bilanzen abbilden lassen. Steueroasen gilt es zu schließen. Alternative Investmentfonds, also Hedge- und Private-Equity-Fonds, sollten mittels höherer Risikozuschläge verteuert und ihre Geschäftsfelder massiv eingeschränkt werden. Ein Haftungsverbund der europäischen Privatbanken lässt die Banken und nicht die Steuerzahler für eine verfehlte Geschäftspolitik bluten. Goldene Aktien (z.B. VW-Gesetz), ein Verbot von Aktienoptionen sowie die Besteuerung von Veräußerungsgewinnen und Finanztransaktionen setzen Anreize für ein nachhaltiges Management. Um spekulative Transaktionen zu verhindern, müssen Finanztransaktionen besteuert werden.

Angesichts der Attacken der Spekulanten gegen die Euro-Staaten und den Euro brauchen wir dringend eine Entkopplung der Staatsfinanzen von Finanzmärkten. Entweder wird die EZB ermächtigt, die öffentlichen Anleihen der Euro-Länder am Kapitalmarkt vorbei aufzukaufen und den niedrigen EZB-Zins dem Gemeinwohl und nicht den Finanzinstituten zukommen zu lassen. Alternativ können die Euro-Staaten eine eigene »Europäische Bank für öffentliche Anleihen« als neue Geschäftspartnerin der EZB gründen, die als Konkurrent zu anderen Anlegern direkt am Kapitalmarkt agiert und die Staatsanleihen der Euro-Länder kauft, diese als Sicherheit bei der EZB hinterlegt und die zinsgünstigen EZB-Kredite an die Euro-Staaten weiterleitet.

Zum anderen braucht die Weltwirtschaft dringend die Austrocknung der Devisenspekulationen. Hierfür wäre ein festes aber anpassungsfähiges Wechselkursregime zwischen den wichtigsten Leit- und Anlagewährungen das Gebot der Stunde. Als Vorbild kann das erfolgreiche Europäische Währungssystem (EWS) dienen, das trotz vieler Schwachstellen für monetäre Stabilität in Europa gesorgt hatte. Eine synthetische »World Currency Unit« als Rechnungswährung könnte die Wechselkurse der nationalen Währungen zueinander in einen geordneten Rahmen bringen. Die Beistandspflichten der beteiligten Zentralbanken würden die Währungsspekulationen beenden.

Ferner muss die Verteilungsfrage politisch neu gestellt werden. Diese historische Finanzmarktkrise hat ihre Wurzeln in der massiv gestiegenen ökonomischen Ungleichheit. Die Verteilung zwischen verschiedenen Einkommensgruppen, zwischen den Ländern und Regionen entscheidet über die Wachstums- und Beschäftigungschancen der Zukunft. Wenn die Kapital- und Vermögenseinkommen den Arbeitseinkommen davonjagen, wenn die Einkommen der Metropolen dem Schuldenberg der Peripherie gegenüberstehen, wenn die Einkommen zwischen reichen und armen Weltregionen immer mehr auseinanderdriften, dann bleiben maßgebliche Ressourcen ungenutzt.

Die Polarisierung der Gesellschaften nimmt zu. Auf der einen Seite vermehrt sich das Spielgeld im Casino, auf der anderen Seite entwickelt sich der private Konsum unter dem weltweiten Produktionsniveau. Werden aber die Ressourcen, die nicht für private Investitionen verwendet werden, zugunsten von Arbeitseinkommen und öffentlichen Investitionen umverteilt, dann kurbelt eine höhere gesamtwirtschaftliche Nachfrage die Produktion an. Dazu müssen heimische Löhne und soziale Transfers stärker steigen. Hier ist die Wirkungsmacht gewerkschaftlicher Tarifpolitik entscheidend. Sie ist allerdings nach dem arbeitsmarkt- und sozialpolitischen Irrweg der letzten Jahre geschwächt. Wir benötigen dringender denn je den Abbau prekärer Arbeitsverhältnisse und gesetzliche Mindestlöhne.

Das würde trotzdem nicht ausreichen, um einen durch die private Nachfrage induzierten nachhaltigen Wachstumspfad herbeizuführen. Hier bedarf es des massiven Ausbaus des Sozialstaats. Wir benötigen eine aktive Rolle des Staates zur Bereitstellung von modernen Dienstleistungen und Investitionen in öffentliche Güter wie Bildung, ein funktionierendes Gesundheitssystem, eine intakte Infrastruktur und nicht zuletzt in Umwelt- und Klimaschutz. Solche Programme müssen an die Stelle der Ausgabenkürzungen treten. Wir brauchen eine ausgabenorientierte und sozial gerechte Steuerpolitik, um die Zukunft zu finanzieren statt sie kaputt zu sparen.

Alle Industriestaaten und vor allem die exportorientierten Länder müssten ihre Binnennachfrage durch die Förderung des privaten und staatlichen Konsums stärken. Sie müssten den Schwachwährungsländern mit der Installation eines stabilen Wechselkurssystems eine nach innen gerichtete Entwicklungsperspektive ermöglichen und ihnen den Druck zu Exportorientierung zwecks Devisenbeschaffung nehmen. Dann bestünde auch die Chance, die globalen Ungleichgewichte schrittweise abzubauen, ohne dass die Entwicklungsländer in ihrer Entwicklung zurückgeworfen würden. Ein Schutzschirm von vielen Wohlfahrtsstaaten könnte die Weltwirtschaft umspannen.

Damit wäre aber auch das Ende eines gescheiterten Experiments »Finanzmarktkapitalismus« erreicht. Dennoch bleibt der gezähmte Kapitalismus weiterhin ein krisenhaftes System. Allerdings würde eine handlungsfähige Staatengemeinschaft immer Herr der Lage bleiben und als Korrektiv die zukünftige Auswüchse in die richtigen Bahnen des Gemeinwohls lenken.

Heiner Flassbeck

Gute gegen schlechte Schulden

Der Staat in der Finanzkrise

Wenn wir in der Krise über Schulden sprechen, müssen wir auch über die Schuld an den Schulden sprechen. Genau dies passiert derzeit jedoch nicht: Überall wird über Schulden gesprochen – über die Schuld an den Schulden jedoch spricht kaum einer. Die Frage wird beiseite geschoben, so als wäre mit der Krise eine Art Tsunami über uns gekommen, für den niemand etwas kann, der aber zu erheblichen Staatsschulden geführt hat, mit denen wir leben müssen.

Diese Staatsschulden gilt es nun abzubauen, wie wir schon immer Staatsschulden abgebaut haben: durch sparsames Wirtschaften. Was sparsames Wirtschaften und Steuererhöhungen – aber nur bestimmte Arten von Steuererhöhungen – bedeuten, wissen wir bereits: Die vermehrte Staatsschuld wird auf eine bestimmte Gruppe der Bevölkerung abgeladen, was erneut zur Frage führt, wer denn nun die Schuld an den Schulden trägt.

Es geht in der aktuellen Diskussion jedoch nicht nur um die Frage nach der Schuld, sondern auch um gute und schlechte Schulden. Durch die aktuelle Krise sind schließlich nicht neue Schulden entstanden, sondern Schulden ersetzt worden. Schulden nämlich, die die berühmten Märkte und die Privaten in den letzten Jahren gemacht haben und deren Schuldenpyramiden nun zusammenbrechen oder bereits zusammengebrochen sind. Es gibt genug Anlass zu glauben, dass diese Schulden des privaten Systems schlechte Schulden sind. Und dennoch müssen wir uns darüber Klarheit verschaffen, dass sich darüber kaum jemand aufgeregt hat und sich auch nach dem Zusammenbruch dieser Schuldenpyramide nur wenige aufregen.

Wenn aber schlechte Schulden des privaten Systems ersetzt werden durch neue Schulden des staatlichen Systems, dann regen sich ganz viele auf und ändern die Verfassung. Denn wenn der Staat Schulden macht, wird sofort von allen Seiten gefragt, ob diese Schulden auch produktiv verwendet werden. Diese Frage hat in den letzten 20 Jahren bei den Privaten oder den Finanzmärkten niemand gestellt und niemand hat sich gewundert, wofür überhaupt Schulden gemacht wurden.

Schulden waren das zentrale Thema der entstandenen Finanzpyramiden, denn nur durch Schulden konnten sie überhaupt entstehen. Auch die berühmten 25% Kapitalrendite des Herrn Ackermann waren nur durch Schulden möglich – es waren nämlich 25% bezogen auf das Eigenkapital, und die erreicht man nur dadurch, indem man eine bestimmte Investition macht, die vielleicht fünf oder sechs Prozent erbringt. Finanziert man diese Investition jedoch mit vielen Schulden, die bloß drei oder vier Prozent kosten, dann kommt man leicht auf 25% des Eigenkapitals.

Die gesamte Hedge-Fonds-Industrie hat nichts anderes gemacht, als mit Schulden zu arbeiten. Nur hat sich darüber niemand aufgeregt, bevor alles zusammengebrochen ist. Jetzt, wo der Staat in die Lücke springt, herrscht aber große Aufregung, weil es der üblichen Logik entspricht, dass staatliche Schulden immer schlechte Schulden und private Schulden immer gute sind. Aber warum sollen diese Schulden gut sein? Was haben die Hedge-Fonds und Herr Ackermann gemacht mit ihrem geliehenen Geld? Zu einem erheblichen Teil haben sie dieses Geld nicht investiert, trotz des irreführenden Begriffs des »Investment Bankings«. Natürlich wurden ein paar Häuser in den USA finanziert. Nur konnten die Menschen, die darin wohnten, diese nicht bezahlen. Warum konnten sie die Häuser nicht bezahlen? Weil die den Investment Bankern gehörenden Immobilienmakler (und in der Tat gehören oder gehörten 21 der 25 größten Immobilienmakler in den USA den Banken) ihren Kunden weismachen wollten, dass sie die Häuser für quasi nichts kaufen können.

Die Menschen in den USA sind ohne Einkommensbescheinigung, ohne Eigenkapital oder Ähnlichem zu Häusern gekommen. Dahinter standen die Banken. Das Debakel, das sie finanziert haben, haben sie somit selber verursacht. Schließlich haben sie aus den Hypotheken, die sie den armen Menschen verkauft haben, wunderbare Wertpapiere geschneidert – alles unter der Voraussetzung, dass die Hauspreise in den USA von nun an für immer weiter steigen werden. Das gesamte Modell, die gesamte Spekulation beruhte auf der Annahme, dass die Hauspreise niemals fallen würden.

Deutschland und andere Länder haben mit ihrer Wirtschaftspolitik entscheidend dazu beigetragen, dass die amerikanische Hypothekenkrise weltweit streut und andere Länder in eine große Währungskrise geraten sind. Deutschland ist deshalb unmittelbar betroffen, weil es einer der größten Gläubiger auf der Welt ist.

Es war mitnichten, wie die deutsche Kanzlerin so gern behauptet, die laxe Geldpolitik der amerikanischen Zentralbank, die den Spekulationswahn über den Atlantik getrieben hat. Es waren vielmehr die deutschen Erfolge beim Gürtel-enger-Schnallen, die die Wettbewerbsfähigkeit der amerikanischen und vieler anderer Wirtschaften unterhöhlt und zu den enormen Ungleichgewichten im internationalen Handel beigetragen haben. Nur dadurch sind weit mehr Gläubiger-Schuldner-Beziehungen entstanden als jemals zuvor in der Wirtschaftsgeschichte. Nur wenn man selbst ein wichtiger Gläubiger ist, gerät man in Bedrängnis, wenn ein Schuldner über seine Verhältnisse lebt und das geliehene Geld verschleudert.

Die Finanzierung von Häusern war aber nur das eine, das kleinere Problem, auch wenn die Banken durch ihre Förderung des US-Immobilienmarkts absolut unseriös gehandelt haben. Schwerwiegender jedoch wiegt die Frage nach den restlichen Finanzierungen der Banken. Der große Teil dessen, was finanziert wurde, waren Wetten. Wetten auf den Ausgang irgendeines Ereignisses; darauf, dass der amerikanische Dow Jones 10.000 Punkte erreicht oder Wetten darauf, dass ein Unternehmen pleite geht. Mit »Credit Default Swaps« konnte man bei den berühmten amerikanischen Versicherern Schein-Versicherungspolicen kaufen und darauf wetten, dass ein bestimmtes Unternehmen pleitegeht. Selbst der Spekulant George Soros hat gesagt, dass dies so ist, als würde man jemandem eine Lebensversicherung verkaufen und gleichzeitig die »Licence to kill« haben.

Wer also viele Credit Default Swaps von einem Unternehmen hielt, hatte ein Interesse daran, dass dieses Unternehmen wirklich pleitegeht. Wetten konnte man aber auch darauf, dass beispielsweise der Ölpreis für immer steigt, der Weizenpreis, der ungarische Forint – auch die isländische Krone war ein beliebtes Investitionsobjekt.

Nur muss man sich fragen: Ist Wetten eine produktive Tätigkeit? Erhöht Wetten unser Einkommen oder unsere Produktivität? Offensichtlich nicht. Denn mit Schulden wetten – und nichts anderes haben die Investment Banker getan – ist so, als würden wir alle zu unserer Bank gehen und sie um einen Kredit des Dreifachen unseres Monatsgehaltes bitten, weil wir im Casino Roulette spielen möchten. Dann wäre es auch nicht erstaunlich, dass wir am nächsten Morgen nicht alle 25% Rendite haben, weil uns bewusst ist, dass im Casino immer die einen verlieren und die anderen gewinnen. Der einzige, der immer gewinnt, ist der Casinobetreiber – alle anderen verlieren per Saldo.

Und nun stelle man sich die halbe Welt vor, die wie verrückt wettet. Das ist das Prinzip: Es wurde mit Schulden gewettet – Roulette gespielt mit Schulden. Trotzdem gibt es kaum einen deutschen oder internationalen Politiker, der das so sagen würde, obwohl eindeutig ist, dass dieses Wetten vollkommen unproduktiv ist. Gerade weil dieses Wettsystem nicht produktiv ist, musste es irgendwann gegen die Wand der realen Welt fahren. Die Haus- und Getreidepreise, die Wechselkurse und Währungen, sie alle konnten irgendwann nicht mehr weiter steigen, weil sich die normalen Menschen bei dauernd steigenden Preisen irgendwann keine Häuser mehr kaufen konnten; weil Volkswirtschaften wegen stetig aufgewerteter Währungen an Wettbewerbsfähigkeit verloren haben; weil Menschen verhungern, wenn sie keinen Reis mehr kaufen können.

Und was passierte dann? Die Erträge all dieser Wetten brachen ein, plötzlich wurde für jeden ersichtlich, dass außer Schulden überhaupt nichts rausgekommen ist aus diesem Schneeballsystem, das es tatsächlich ist. Übrigens, auch Bernard L. Madoff, der »größte Betrüger aller Zeiten«, verwendete ein Schneeballsystem. Zugegeben, ein etwas primitives Schneeballsystem, weil Herr Madoff nicht so konsequent wie andere auf steigende Preise gesetzt hatte. Als er neues Kapital brauchte, um die Zinsen auf das alte zu bezahlen, als seine Anlagen die versprochenen 12, 13 oder 14% für seine begüterten Kunden nicht mehr halten konnten, da brach es dann zusammen.

Nicht viel anders ist das Schneeballsystem eines Herrn Ackermann und all der anderen. Es schafft nur etwas plausibler die Illusion, es könne Erträge, Gewinne bringen, weil dazwischen die Hauspreise, die Ölpreise und die Währungen etc. tatsächlich steigen. Erträge und Gewinne bringt dieses System jedoch genauso wenig wie das Madoffsche Schneeballsystem, weil per Saldo da, wo investiert wird, kein Gewinn erzielt werden kann. Der Gewinn muss immer gleich Null sein, denn wo keine Produktivität entsteht, kann auch kein Zins bezahlt und somit am Ende auch kein Gewinn erzielt werden.

Natürlich könnten wir alle Casinospieler werden und hoffen, dass wir die Wirtschaft ein großes Stück weiterbringen. Wir könnten ganz viele Casinos eröffnen und nur noch dort arbeiten. Die Politiker würden uns für kollektiv verrückt geworden erklären. Bei den Investment Bankern aber sagen sie das nicht. Verstehen sie es nicht oder wollen sie es nicht verstehen?

Bei einem Wettschuldenproblem gibt nur drei Möglichkeiten, die man ergreifen kann, wenn die Überschuldung offensichtlich wird. *Erstens* kann man öffentlich den Bankrott erklären und damit einen Teil der Schulden auf die anderen abwälzen – auf die Banken oder die Gläubiger im Allgemeinen. Die Schuldenbelastung verschwindet damit überhaupt nicht, sie wird nur anders verteilt in der Volkswirtschaft. *Zweitens* kann man die übriggebliebenen Wertpapiere verscherbeln. Das Problem hierbei ist jedoch, dass dies in einer Krise alle versuchen, weshalb der Preis dieser Wertpapiere weiter sinkt. Dadurch werden wiederum andere in Mitleidenschaft gezogen werden, die zuvor noch keine Schwierigkeiten hatten. *Drittens* kann man seinen Porsche und seine Yacht verkaufen und in den nächsten drei Jahren auf größere Anschaffungen verzichten. Und genau das ist passiert.

Volkswirtschaftlich wird das Problem damit aber nicht gelöst, weil durch die sinkende Nachfrage auch andere in den Sog der Krise geraten. So ist es beispielsweise der deutschen Automobilindustrie und dem deutschen Maschinenbau ergangen. Für die Schuldner ist zwar eine momentane Erleichterung spürbar gewesen, die Nachfrage jedoch sank drastisch. Wirkliche Erleichterung kann sich das marktwirtschaftliche System auf diesem Wege nicht verschaffen, weil die Erträge des einen immer die Kosten des anderen sind und umgekehrt. Das ist simple keynesianische Ökonomie, deren Erkenntnisse aber verdrängt wurde in den letzten 60 Jahren.

Die gesamte Weltwirtschaft wird in der herrschenden neoklassischen Theorie, in der Ökonomie der letzten 30 Jahre, anhand des Verhaltens eines repräsentativen Wirtschaftsobjektes analysiert. Dieses Wirtschaftsobjekt hat immer nur zwei Entscheidungen: Es erhöht seinen Konsum oder es senkt ihn. Es investiert also mehr oder weniger, sonst nichts. So funktioniert die Weltwirtschaft. Wenn nun irgendwelche mehr sparen wollen in diesem System, dann muss man alle Schleusen öffnen, alle Kapitalverkehrskontrollen einreißen, dann müssen alle Ersparnisse effizient um den Globus gelenkt werden, je schneller, desto besser, damit diese Weltwirtschaft funktioniert.

In diesem System fragt niemand, ob etwas hinter diesem Geld, diesen Schulden steht, ob mit ihnen Erwartungen auf wirkliche Erträge verbunden sind. Bis das System zusammenbricht, so wie jetzt. Nun befindet sich das System in einem Sumpf, in den es noch tiefer sinkt, je mehr es strampelt. Gerettet werden kann es nur noch von außen, durch den Staat, der versuchen muss, aus den schlechten privaten Schulden halbwegs gute öffentliche Schulden zu machen. Nur wenn der Staat neue Kredite aufnimmt, also die vorhandenen Ersparnisse der privaten Haushalte nutzt, um selbst zu investieren, oder das Einkommen anderer zu erhöhen, können die Gewinne der Unternehmen wirklich steigen, kann Neues geschehen, kann sich die Volkswirtschaft aus der Rezession lösen.

Das mag man Strohfeuer nennen, weil es natürlich nur für eine Zeit wirkt, wenn sich die Unternehmen durch die Verbesserung ihrer Situation nicht selbst zu neuer Kreditaufnahme anregen lassen. Ohne dieses Strohfeuer am Anfang gibt es aber gar kein Feuer, keine Wärme und kein Entkommen aus der Kälte der Rezession. Es geht ja nicht darum, dass der Staat mir nichts dir nichts 20% des BIP an Schulden auflädt, sondern um die Rettung eines Systems schlechter Schulden.

Deswegen muss hinter den staatlichen Schulden auch etwas Investives stehen, indem das Geld, das der Staat nun ausgibt, beispielsweise für investive Maßnahmen in Bildung, Infrastruktur oder Umweltschutz eingesetzt wird. So besteht wenigstens die Chance, dass am Ende aus diesen Schulden Erträge gezahlt werden. Denn zuvor konnten aus der Logik des Casinospielens heraus überhaupt keine Erträge erzielt werden. Wenn der Staat aber eingreift, dann sieht er sich sehr schnell mit dem Vorwurf konfrontiert, inflationär zu handeln. Handelt der Staat, dann ist es von vornherein böse, handeln die Privaten, dann ist es von vornherein gut – das ist zumindest der Anschein, den man uns davon macht.

Wenigstens jetzt sollten wir aber begreifen, dass dieses Schwarz-Weiß-Denken vollkommen falsch ist. Natürlich kann auch der Staat Geld für Unsinn ausgeben. Aber wenn er auch nur ein bisschen Geld dafür verwendet, dass in die Zukunft investiert wird, dass ein paar Menschen in diesem Land besser leben können; wenn Kinder nicht in Armut aufwachsen und eine Chance auf eine vernünftige Ausbildung haben, dann wirkt das in die Zukunft. Es wird oft so getan, als würde der Staat nur in die Zukunft investieren, wenn er Straßen baut. Aber alle Investitionen in Humankapital sind ebenso Zukunftsinvestitionen! Und noch dazu ist es im Gegensatz zum Casinospielen produktiv. Natürlich, der Staat wird mehr Zinsen zahlen müssen. Wenn es aber gelingt, ein paar Leute, die bisher Zockerprodukte bei Lehman Brothers oder sonst wo gekauft haben, davon zu überzeugen, dass 25% Rendite Unsinn sind, und wenn es gelingt, diesen Leuten klarzumachen, anstelle dieser Produkte nun Staatsanleihen zu kaufen für vier oder 4,5%, ist das dann eine schlechte Rendite? Vier Prozent Zinsen sind doch immer noch besser, als sein Geld zu verwetten.

Der unglaubliche niedrige langfristige Zins im Verhältnis zum kurzfristigen Zins (zehnjährige Anleihen des Staates liegen unter drei Prozent), der für deutsche Staatsanleihen derzeit zu zahlen ist, zeigt nicht nur, wie günstig man vernünftige Dinge finanzieren kann, sondern ist direkter Ausdruck der Schuldenkrise der Privaten. Auf der ganzen Welt drängen die Anleger danach, dem deutschen Staat Kapital zur Verfügung zu stellen. Wenn die öffentlichen Haushalte es nicht nehmen und investieren, muss das Einkommen aller Wirtschaftssubjekte weiter sinken, weil die privaten Haushalte ihre Sparpläne nicht verwirklichen können.

Der Staat ermöglicht den Bürgerinnen und Bürgern eine völlig andere, stabile und sichere Anlage, die auch eine Zukunftsperspektive bietet, weil sie etwas für das Humankapital, das Sachkapital oder für die Umwelt macht. Selbstverständlich wird die Staatsverschuldung steigen, vielleicht auf 80 oder 90% des BIP. Das Bruttoinlandprodukt ist jedoch der falsche Maßstab, um die Staatsverschuldung zu messen. Schließlich misst niemand seine Gesamtverschuldung am laufenden Einkommen, sondern an seinem Vermögen. Ein Hauseigentümer ist gemessen an seinem laufenden Einkommen bankrott und total überschuldet nach seinem Hauskauf. Aber der relevante Vergleich ist nicht sein Einkommen, sondern sein Vermögen. Und wenn zu seinem Vermögen ein Haus dazugehört, das auch noch etwas wert ist, dann ist alles in Ordnung.

Genauso ist es beim Staat: Betrachten wir das staatliche Vermögen, dann sind wir noch weit von einer Überschuldung entfernt. Vernünftiges Wirtschaften würde das Vermögen des Staates zudem steigern. Nur: Im Moment nimmt die Verschuldung stärker zu als das Vermögen. Aber eben nur, weil zuvor mit Schulden gewettet wurde.

Die Angst davor, der Staat könne nun pleitegehen, ist ebenso unsinnig. Staaten gehen nur dann pleite, wenn sie kein ausländisches Geld mehr haben. Denn wem sollen sie ihr Geld geben, wenn sie nur über inländisches Geld verfügen? Die attraktivste Anlage in dieser Welt ist im Moment die Staatsanleihe, weil alle Angst haben vor dem hohen Risiko und viele begriffen haben, dass man mit Wetten nichts verdienen kann. Aus diesem Grund ist das Gerede vom Staatsbankrott falsch. Die Rating-Agenturen denken ja bereits darüber nach, selbst großen und wichtigen Staaten die besten Noten, also AAA, nicht mehr zu geben. Vergessen wird bei solchen Überlegungen allerdings, dass sowohl Bankrott als auch Rating rein relative Konzepte sind, also überhaupt nur dann einen Sinn ergeben, wenn es noch Institutionen gibt, die nicht bankrott sind oder weiterhin AAA verdienen. Schaffen die Agenturen aber ihre A-Bewertung vollständig ab, ist eben BBB das Beste und kein Staat muss sich Gedanken über seine Kreditwürdigkeit machen. Auch sagt uns die Logik, dass die Anleger weiter Staatsanleihen kaufen werden, jedenfalls solange es noch keine Anlage vom Mars oder von der Venus gibt, die sicherer ist.

Insbesondere bei der Betrachtung des Falls Japan wird deutlich, dass die Gefahr eines Staatsbankrotts Unsinn ist. Japan erlebte in den 1980er Jahren viele Jahre Stagnation und Deflation bei einer Staatsverschuldung von damals 50% gemessen am BIP. Heute beträgt die Verschuldung 190%. Aber auch Japan ist nicht pleite, sondern kriegt weiterhin Geld, sogar zu noch tieferen Zinsen als Deutschland. Der Fall Japans zeigt auch, dass die Inflation nicht das Problem ist. Inflation ist nämlich die sehr einfache Vorstellung von manchen Menschen, dass man eine große Menge Geld vor einen Busch legt und dann wie durch ein Wunder die Inflation aus dem Busch springt, nur weil da Geld liegt. Es gibt jedoch nur zwei Wege, durch welche Inflation entstehen kann. Der eine Weg entspricht dem Demand-Pull, wie man auf Englisch sagt. Die Nachfrage muss in diesem Fall so stark ansteigen, dass Inflation erzeugt wird. Davon sind wir jedoch Lichtjahre entfernt: Die Kapazitätsauslastung in der deutschen Industrie ist im Moment unter 75%. Die Industrie ist in ihrem Produktionsniveau und im Übrigen auch in ihrem Einkommensniveau zurückgefallen auf das Jahr 1991.

Gesamtwirtschaftlich gesehen befindet sich Deutschland auf dem Niveau von 2005 – genau das Niveau vor der großen Koalition. Alles, was dazwischen war, ist innerhalb von wenigen Monaten verschwunden. Wie bei Monopoly: zurück auf Start. Der zweite Kanal, über den Inflation entstehen kann, ist noch unwahrscheinlicher als der erste, nämlich steigende Nachfrage bzw. die so genannte Cost-Push-Inflation. Dabei führen die stark steigenden Kosten zur Inflation. Die wichtigsten Kosten in der Volkswirtschaft sind aber die Löhne. Werden die Löhne in den nächsten Jahren so stark steigen, dass wir eine Inflation zu befürchten haben? Offensichtlich nicht, denn die Arbeitslosigkeit steigt dramatisch und die Löhne werden überall in Deutschland gesenkt.

Die Firma Daimler hat 2009 die Arbeitszeit von 70.000 Arbeitnehmerinnen und Arbeitnehmern, die nicht schon auf Kurzarbeit waren, um zehn Prozent gekürzt – im Einvernehmen mit den Gewerkschaften und ohne Lohnausgleich. Damit sinkt nicht nur die Arbeitszeit, sondern auch die Lohnsumme dieser 70.000 Beschäftigten um zehn Prozent, was bei einem durchschnittlichen Monatslohn von 4.000 Euro eine Kostenreduktion für das Unternehmen Daimler von über 300 Millionen ergibt. Auch bei diesem Beispiel muss man sich überlegen, was diese Maßnahme für Daimler und was sie für die Gesamtwirtschaft bedeutet. Die 300 Millionen Verlust sind ja nicht einfach weg, sondern tauchen woanders als neuer Verlust wieder auf. Schließlich geben die Arbeitnehmerinnen und Arbeitnehmer, die nun mit zehn Prozent weniger Lohn auskommen müssen, im Zweifelsfall und bei unverändertem Sparverhalten auch zehn Prozent weniger aus. Damit hat Daimler nichts anderes getan, als seine 300 Millionen Verlust auf andere zu schieben.

In der Gesamtwirtschaft verschwindet Verlust durch eine solche Maßnahme nicht, das ist der entscheidende Unterschied zwischen Einzel- und Gesamtwirtschaft. Würden die gesamten Löhne der 7,7 Millionen in Industriebetrieben Beschäftigten in Deutschland wie bei Daimler im Einvernehmen mit den Gewerkschaften um zehn Prozent gesenkt, betrüge bei unverändertem Sparen der Betroffenen der zusätzliche Nachfrageausfall insgesamt über 30 Milliarden Euro – würde dasselbe in der gesamten Volkswirtschaft gemacht, bedeutete dies einen zusätzlichen Nachfrageausfall von über 100 Milliarden.

Was werden die Unternehmen tun, wenn sie merken, dass ihre Kostenreduktionspläne nicht zum erhofften Ziel führen, weil die Nachfrage deutlich stärker sinkt als von ihnen erwartet? Noch einmal mit den Gewerkschaften verhandeln, um 20% Lohnkürzung zu erreichen? Vielleicht werden sie auch versuchen, ihre Marktanteile bei sinkender Nachfrage dadurch zu halten, dass sie die Kostenentlastung für Preissenkungen nutzen. Tut das nur ein Unternehmen, verschlechtert sich wiederum die Situation aller anderen. Tun es alle Unternehmen, sinken die Preise insgesamt. Die Folge wäre eine Deflation, die zu weiterer Kaufzurückhaltung führt und die Investitionstätigkeit lahmlegt.

Müssen dann erneut die ausbezahlten Löhne sinken? Überall wird derzeit massiver Druck auf die Beschäftigten ausgeübt: Entweder ihr akzeptiert Lohnkürzungen oder euch droht die Entlassung. Die Gewerkschaften können dagegen leider nur wenig ausrichten, weil die meisten Beschäftigten lieber 10% Lohnkürzung in Kauf nehmen, als entlassen zu werden. Gesamtwirtschaftlich bringt dies jedoch keine Lösung. Deshalb: wo bleibt der Aufschrei der Politik?

Wir befinden uns in einer gefährlichen, deflationären Spirale nach unten, die nur der Staat zu stoppen vermag. Wir sind nah daran, da zu enden, wo die Weltwirtschaft bereits 1929-32 geendet ist. Schon jetzt ist die Rezession stärker und der Abschwung steiler – in Deutschland und in der Welt – als in den Jahren 1929/30. Wenn wir so weitermachen und weitere Lohnkürzungen folgen, dann wird sich auch in den nächsten drei Jahren nichts an diesem Abschwung ändern. Und dann muss man sich der Frage stellen, was in Deutschland politisch und gesellschaftlich los sein wird.

Die Deflation ist somit die wahre Gefahr, die Lohn-Deflation, um genau zu sein, also der Rückgang der Löhne. Ebenso war es in den 1920er und 30er Jahren, als die Löhne in den beiden Folgejahren 1929/30 und 1931/32 um jeweils fünf bis zehn Prozent gesunken sind. Einzig der Staat kann dies noch verhindern, indem er noch mehr Schulden macht. Auf die Geldpolitik ist kein Verlass, auch das hat das Beispiel Japans gezeigt: Man kann noch so viel Liquidität ins System pumpen, es hilft nichts, weil das Geld versickert und verschwindet.

In Deutschland hat der Staat jedoch bisher zu wenig gemacht. Was viele immer noch nicht begreifen: Deutschland ist nicht weniger, sondern in stärkerem Maße anfällig für eine globale Rezession wegen seines exorbitanten Exportanteils und schwacher Binnennachfrage bei seit vielen Jahren rückläufigen Reallöhnen. Angesichts der Globalität der Krise sind auch der sinkende Ölpreis, allgemein sinkende Rohstoffpreise oder ein fallender Wechselkurs des Euro kein Stabilisator, weil sie sich automatisch zu Ungunsten anderer Länder wenden, nämlich derjenigen, die Rohstoffe exportieren und deren Wechselkurse steigen. Das hilft überhaupt nicht weiter.

Auch die USA sind in einer schwierigen Situation, aber sie haben gegenüber Deutschland einen wesentlichen Vorteil, weil sie vom Ausland nicht so stark abhängig sind. Deutschland hat einen der tiefsten Einbrüche von allen Ländern erlitten, weil das Land extrem exportabhängig ist. Aber eben nicht nur abhängig von Export, sondern auch noch von Investitionsgütern. Stellt man sich eine Weltwirtschaft vor, bei der die Kapazitätsauslastung bei den Industrien, die deutsche Investitionsgüter bestellen, bei 70% liegt, kann man sich denken, welches Wachstumstempo sie in den nächsten Jahren brauchen, bevor diese Industrien wieder in Maßen in Deutschland Maschinen bestellen können. Das dauert viele Jahre. Zurzeit werden keine Maschinen bestellt, die Exporte sind flau, große Autos werden auch nicht gekauft, weil alle Angst vor der Zukunft haben.

Deswegen wird der deutsche Konsum aller Wahrscheinlichkeit nach auch einbrechen, egal, was irgendwelche Umfrageinstitute erzählen. Das Konsumklima verbessert sich laut diesen Instituten, doch dieser Indikator hat überhaupt keine Relevanz. Die Einkommenssituation ist extrem schlecht und wird schlechter werden durch die geschilderten Prozesse. Woher soll in Deutschland denn das Wachstum kommen? Der Aufschwung fällt weder vom Himmel noch wird er kommen, wenn wir nicht noch viel mehr tun, um ihn in Gang zu setzen.

Das Verrückte an der Lage ist jedoch auch: Es gibt überhaupt keine Garantie dafür, dass es automatisch wieder aufwärts gehen wird. Japan hat gezeigt, dass man auch 15 Jahre mit Stagnation und Deflation leben kann, ohne dass etwas passiert. Die Regierung hat zwar einige Male mit kleinen oder kleinsten Konjunkturprogrämmchen versucht, dagegen zu halten. Und ebenso viele Male ist es auch deswegen wieder eingebrochen, weil die Japaner, sobald das erste kleine Flämmchen von Konjunkturaufschwung wieder sichtbar war, dieses wieder zertreten haben, indem sie sofort die Schulden reduziert und die Steuern erhöht haben.

Und in eben einer solchen Situation haben die beiden größten deutschen Parteien 2009 entschieden, eine Schuldenbremse in der Verfassung zu verankern, die darauf hinausläuft, dass ab 2011, spätestens 2012, massiv gespart werden muss, da bis 2016 das Ziel von 0,35% laufenden Staatsschulden gemessen am BIP erreicht werden soll. Angesichts der Tatsache, dass Deutschland Mitglied der Europäischen Währungsunion ist, ist dies noch erstaunlicher. Frankreichs Präsident sagte kurz nach der Verankerung einer Schuldenbremse in der deutschen Verfassung, dass dieser Stabilitäts- und Wachstumspakt in der Eurozone, der drei Prozent Staatsverschuldung gemessen am BIP selbst in Krisenzeiten vorschreibt, unverantwortlich sei. Auch er sah ein, dass in den nächsten Jahren ein wesentlich höheres Defizit gemacht werden muss.

Aber die Sekunde, um darüber nachzudenken, nahm sich Deutschland anscheinend nicht. Der Punkt jedoch ist: Ohne staatliche Schulden geht es nicht mehr. Weil vorher so schlechte private Schulden gemacht wurden, müssten wir jetzt bessere öffentliche Schulden machen. Ohne Schulden geht es überhaupt nicht. Man mag das lieben oder nicht und man mag daran glauben, dass man damit zukünftige Generationen belastet oder nicht. Das ist vollkommen egal, denn es hat noch niemand einen Mechanismus entdeckt, der zeigen könnte, wie man ohne diese staatlichen Schulden aus einer Schuldendeflation, aus einem Schuldenkollaps der Privaten rauskommen kann. Nur damit konnten wir das Schlimmste verhindern.

Werner Goldschmidt

Formen und Funktionen der »Rückkehr« des Staates in die Wirtschaft

Am Ende dieses Buches ist Vieles bereits geschrieben worden – ich kann nicht versprechen, dass ich nicht einiges wiederholen werde, auch wenn ich es vielleicht etwas anders nuanciere. Beginnen möchte ich gleich mit einer expliziten Wiederholung. Alex Demirović (vgl. in diesem Band S. 19ff.) hat in seinem Beitrag eine methodische Vorbemerkung gemacht, der ich mich ausdrücklich anschließe. Inmitten einer Krise, insbesondere einer vom Ausmaß der gegenwärtigen (vgl. Bischoff 2009a; Roth 2009), kann man deren weiteren Verlauf im Einzelnen schlecht prognostizieren, weil täglich neue, teils ein-, teils zwei- oder mehrdeutige, teils sich widersprechende Informationen auf einen einstürzen, die alle bisherigen Daten, Prognosen, Erwartungen überholt erscheinen lassen. Anfang Juli 2009 las man im »Hamburger Abendblatt«: »Wirtschaftsministerium meldet: Rezession vor dem Ende« – wenige Tage später hieß es dann in dem gleichen Blatt: »Konjunktureinbruch bestätigt – ZEW-Index (Zentrum für Europäische Wirtschaftsforschung, Mannheim, W.G.) gesunken!« (HA vom 16.7.2009)

Ein Beispiel dafür, was von Wirtschaftsinformationen in Zeiten der Krise zu halten ist: Anfang Juli 2009 meldeten die Medien hoffnungsfroh, dass sich der Auftragseingang in der deutschen Industrie im Mai 2009 um 4,4% erhöht habe und dass sich damit eine – wenn auch allmähliche – Konjunkturbesserung ankündige. Tatsächlich bezog sich der vermeldete Anstieg aber lediglich auf den Vergleich mit den Auftragseingängen vom April des Jahres; allenfalls einem Nebensatz konnte man entnehmen, dass die Aufträge vom Mai 2009 immer noch um sage und schreibe 29% unter dem Volumen des Mai 2008 lagen. Soviel zur Relevanz einzelner Daten oder vielmehr zu deren Präsentation (vgl. Bischoff 2009b). Dies hängt wohl nicht zuletzt auch mit der verbreiteten, aber letztlich illusionären Auffassung zusammen, Wirtschaft im Allgemeinen und Konjunktur im Besonderen seien vorwiegend eine Sache der Psychologie. Manche glauben offenbar, man könne den Aufschwung durch gute Stimmungsmache gewissermaßen herbeireden.

Daten müssen stets interpretiert werden und das erfordert den analytischen Bezug auf eine Theorie, in deren Zusammenhang sie allein einen Sinn machen. Wenn man die inzwischen umfangreiche Literatur in dieser Hinsicht zu sichten versucht, so stellt man mit Erstaunen fest, dass selbst die theoretisch einigermaßen anspruchsvollen Analysen – d.h. also, wenn man von der Sensationsmache à la »Spiegel« einmal absieht – zum Umfang wie zum Verlauf der Krise, zum Ausmaß der Staatshilfen usw., die einem zu Anfang des Jahres 2009 vielleicht noch als allzu dramatisierend erschienen waren, inzwischen nicht einfach nur veraltet, sondern eher verharmlosend erscheinen, jedenfalls haben sie durchweg und regelmäßig Ausmaß und Tiefe der Krise unterschätzt.

Ich behaupte keineswegs, die Krise würde sich ungebremst fortsetzen. Das falsche *lineare Denken*, etwa die Illusion eines grenzenlosen Wachstums, ist ja gerade eines der wesentlichen Merkmale des nun in die Systemkrise geratenen finanzgetriebenen Kapitalismus und eine typische Voraussetzung spekulativer Blasenbildung. Deshalb will ich auch keineswegs prognostizieren, ob sie sich in den kommenden Monaten noch verschärfen oder abschwächen, bzw. wie lange sie noch anhalten wird. Es gibt ernstzunehmende Wirtschaftshistoriker, wie etwa die Arbeitsgruppe um den Harvard-Ökonomen und ehemaligen IWF-Chefvolkswirt Kenneth Rogoff (Reinhart/Rogoff 2009a/b), die von einer bis zu vier Jahre anhaltenden Krise und einer sich daran anschließenden etwa weitere sechs oder acht Jahre dauernden Stagnationsphase ausgehen – also von einer bis ungefähr ins Jahr 2020 anhaltenden Phase des Rückgangs, der Unsicherheit und Neustrukturierung der Weltwirtschaft. Selbst wenn es so kommen sollte, bedeutet dies aber keineswegs, dass der Kapitalismus »wie wir ihn kennen« (Altvater 2007) nunmehr zusammenbrechen wird. Ökonomische, soziale und politische, d.h. Gesellschaftssysteme, brechen nicht einfach zusammen – auch wenn wir etwa im Falle des so genannten Realsozialismus vielfach so sprechen, als sei er zusammengebrochen – stets bedarf es zur Überwindung solcher Systeme des Handelns von Menschen; in der Regel – wenn es sich nicht um einen bloßen Putsch handelt, bei dem nur das herrschende Personal ausgetauscht wird – bedarf es des Handelns großer Menschenmassen, die eine humane und soziale Perspektive – sei sie realistisch oder auch nicht! –, die also eine Vision vor Augen haben, die eine andere Welt für möglich und machbar halten.

Ich gehe hier davon aus, dass eine ausgearbeitete und weithin unterstützte Alternative zum bestehenden sozial-ökonomischen und politischen System in der aktuellen Grundlagenkrise des Kapitalismus nicht – oder zumindest noch nicht – vorliegt. Vielleicht ist das in einigen Weltregionen – z.B. in Lateinamerika – anders, aber in den Zentren des finanzgetriebenen Kapitalismus der Gegenwart ist dies offenkundig nicht der Fall.

Tatsächlich gibt es aber gar nicht einmal wenige Ansätze dazu. Einige fordern – eher bescheiden – eine Zivilisierung des Kapitalismus, oder eine demokratische, soziale und ökologische Umgestaltung der Wirtschaft, andere sprechen – weitergehend – von einer solidarischen Ökonomie oder gar von einem Sozialismus des 21. Jahrhunderts. Ob ein solcher Pluralismus an Alternativen in der gegenwärtigen Situation ein Vorzug oder ein Nachteil ist – darüber ließe sich diskutieren, jedenfalls ist er ein historisches Faktum. Es muss jedoch davon ausgegangen werden, dass bisher keine davon eine politische Qualität erlangt hat, derart, dass sie die Massen ergriffen hätte, oder dass dies im weiteren Verlauf der Krise mit einiger Sicherheit der Fall sein würde.

Schon der junge Marx hatte – im Vorfeld der 1848er Revolution – eine Grundbedingung für die Formulierung einer solchen, die Massen ergreifenden Losung, eines umfassenden Projekts, oder wenn man so will, einer glaubhaften Zukunftsvision formuliert. »Die Theorie (oder ein soziales und politisches Alternativprojekt, W.G.) ist fähig, die Massen zu ergreifen, sobald sie ad hominem demonstriert« (MEW 1/385), d.h. wenn sie oder es an die tatsächlichen, unmittelbaren wie langfristigen Bedürfnisse der Menschen anknüpft. Ein solches Projekt ist freilich alles andere als trivial; es genügt ja keinesfalls, sich an Meinungsumfragen zu orientieren. Die politische Artikulation von individuellen und gesellschaftlichen Bedürfnissen ist vielmehr ein anspruchsvolles Vorhaben, das – zumindest tendenziell – eine freie öffentliche Debatte voraussetzt, was in einer medienmanipulierten Öffentlichkeit ein Problem darstellt, aber m.E. nicht unmöglich ist, wie etwa hierzulande die Debatte um die Atomenergie zeigt.

So wie sich die Lage der arbeitenden Mehrheiten in den einzelnen Ländern oder gar Weltregionen unterscheidet, so werden sich demnach auch politisch wirksame Alternativ-Programme im Detail, sowohl was die Inhalte der Forderungen als auch die Form der Beteiligung der Betroffenen angeht, unterscheiden. Insofern ist ein gewisser Pluralismus der Alternativen kein Nachteil, sondern eine Notwendigkeit. Ich gehe später noch einmal kurz darauf ein.[1]

Als weitere notwendige Bedingung eines nicht nur die Massen ansprechenden, sondern auch praktisch realisierbaren Projekts bleibt jedoch eine zutreffende Analyse der Krise, ihrer Ursachen, wie der in ihr dominierenden Tendenzen und der in ihnen real enthaltenen Möglichkeiten, und zwar global wie jeweils bezogen auf die konkrete Situation in den einzelnen Län-

---

[1] Michael Krätke (2008: 15, Fn 1) verdanke ich den Hinweis auf folgende optimistische Perspektive: »TINA (There is no alternative) war die Parole der Neoliberalen. TAMARA (There are many and real alternatives) ist die Parole der aufgeklärten neuen Linken der Gegenwart.«

dern oder Weltregionen. Die derzeitige Weltfinanz- und Weltmarktkrise trifft nämlich die einzelnen Regionen durchaus unterschiedlich. Trotz dieser Differenzierungen ist es m.E. dennoch möglich und notwendig, einen allgemeinen und d.h. global wirkenden Grund der gegenwärtigen Krise theoretisch zu bestimmen.

Nach übereinstimmender Auffassung aller ernsthafteren Konjunktur- und Krisenforscher handelt es sich um die bei weitem tiefste Krise des Kapitalismus, mindestens seit den 1930er Jahren, und sie wird möglicherweise – trotz der inzwischen ergriffenen Maßnahmen – ebenso lang anhalten wie diese; zu hoffen ist nur – und ich bin in dieser Hinsicht letztlich optimistisch (auch darüber ließe sich diskutieren), dass sich die politischen Folgen der damaligen Krise – Faschismus und Krieg – nicht wiederholen werden. Insofern teile ich die düstere Prognose von Eric Hobsbawm, dass noch viel Blut fließen wird (Hobsbawm 2009), dann doch nicht.

Die wirtschafts- und sozialhistorisch außergewöhnliche Dimension der Krise – und das ist meine erste These – ist nur zu erklären mit der langfristigen Kumulation aller typischen Krisenmomente, die dem gewöhnlichen Kapitalismus in allen seinen Entwicklungsphasen mehr oder minder gemeinsam sind. Die Finanz- und Kreditkrise war und ist nur der Auslöser einer strukturellen Überakkumulationskrise, d.h. eines dauerhaften Überschusses an (profitsuchendem) Kapital im Verhältnis zum tatsächlich erzielbaren Profit in der so genannten Realwirtschaft, d.h. in der Produktionssphäre. Aber – und das ist für die gegenwärtige Krise ganz zentral – die Finanzsphäre hat sich seit den 1980er Jahren in einer Weise entwickelt, dass ihre fiktiven Momente weiterhin zwar nicht bestritten werden können, aber sie ist seither in historisch und funktional beispielloser Weise mit der »Realwirtschaft« verflochten, ja zu einem notwendigen Bedingungsmoment der kapitalistischen Produktion und Reproduktion geworden, so dass nicht zu Unrecht von einem »finanzgetriebenen oder finanzdominierten Akkumulationsregime« (Aglietta 2000) gesprochen werden kann. Und daher hat alle Analyse der gegenwärtigen Überakkumulationskrise auf die Bedeutung dieses Moments hinzuweisen.

Es ist nicht meine Aufgabe, dies hier detailliert zu entwickeln, andere haben das getan (vgl. etwa Krüger 2007: 88ff.). Ich möchte lediglich auf einen grundlegenden Aspekt verweisen, der vielfach immer noch nicht anerkannt und daher auch immer wieder – mit Gründen und Fakten belegt – zu wiederholen ist: Die überragende Bedeutung, die der Finanzsektor in den letzten drei Jahrzehnten erlangt hat, ist nur erklärbar mit der sprunghaft zu Gunsten der Kapitaleigner bzw. der Vermögenden veränderten Verteilung des produzierten Reichtums und zwar national wie weltweit. Die sich daraus ergebende Überakkumulation von Kapital (in allen seinen Formen, vor allem aber in Form von Geldkapital) bedeutet – von der anderen Seite betrachtet – nichts anderes als die private und/oder öffentliche Unterkonsumtion, also massenhafte private und öffentliche Armut, und dies wiederum national wie weltweit. Der exorbitante – durch nur wenige und relativ schwache bzw. weltregional (Lateinamerika, Asien) oder sektoral (New Economy) begrenzte zyklische Krisen »bereinigte« – und durch die langfristige Kumulation sich strukturell verfestigende Kapitalüberschuss produzierte gewissermaßen mit Notwendigkeit die qualitativ neue Bedeutung des Finanzsektors für das globale ökonomische System des Kapitalismus zu Beginn des 21. Jahrhunderts.

Die wichtigsten Konsequenzen, die daraus zu ziehen sind, lauten: (1) Der Kapitalüberschuss, d.h. der Fonds, aus dem sich die Spekulation speist, muss abgebaut werden, durch Entwertung, d.h. durch die Abschreibung des den Realwert übersteigenden Anteil des fiktiven Kapitals, und (2) die zukünftigen Einkommen müssen umverteilt werden – und zwar von oben nach unten. Alle staatlichen Maßnahmen, etwa Konjunkturprogramme, sollen sie die Krise wirksam abmindern oder gar überwinden, sind kontraproduktiv, wenn sie – wie bisher – die Reichen und selbst noch den so genannten Mittelstand privilegieren. Alles, was an diese Klassen oder Schichten geht – etwa durch Steuererleichterungen für die angeblichen Leistungsträger –, läuft Gefahr, den Überschuss an Geldvermögen, statt abzubauen sogar weiter zu erhöhen und damit die Voraussetzungen für einen erneuten Ausbruch der Krise zu schaffen (vgl. Arbeitsgruppe Alternative Wirtschaftspolitik 2009: 82f.).

Allein eine Umverteilung von oben nach unten sichert nämlich einigermaßen, dass die Einkommen auch für Waren und Dienstleistungen, d.h. »produktiv«, Arbeitsplätze schaffend, ausgegeben werden. Das gilt national wie international; letzteres auch um die skandalöse Tatsache zu beheben oder doch wenigstens zu lindern, dass zu Beginn des 21. Jahrhunderts jährlich immer noch viele Millionen Menschen Hungers sterben,[2] während gleichzeitig relativ wenige Reiche potenzielle Reichtümer buchstäblich in Spekulationsblasen verpuffen lassen. Das aber ist letztlich eine Frage der politischen Macht, bei der die Armen dieser Welt – wenigstens bisher – nur über einen Faktor verfügen – ihre Zahl, die aber ohne Organisation und Programm – alles im Plural gedacht! – ohnmächtig bleibt.

---

[2] Im Jahre 2009 litten – nicht zuletzt infolge der Weltwirtschaftskrise – mehr als eine Milliarde Menschen an chronischer Unterernährung. Vgl. Welthungerbericht der UNO (FAO) 2009. Zur Gesamtproblematik vgl. Bergstreser/Möllenberg/Pohl 2009.

Auf einen ambivalenten Aspekt des im gegenwärtigen Finanzsystem umlaufenden Geldvermögens müsste hier auch noch näher eingegangen werden – was hier nicht geleistet werden kann –, das sind die vor allem angelsächsischen *Pensionsfonds* und ihre Funktion als institutionelle Investoren. Das ist insofern ein Problem, als es deutlich macht, dass – zumindest in den kapitalistisch entwickelten Zentren – auch nicht wenige so genannte kleine Leute (darunter auch Arbeiter, kleine Angestellte etc.) ihr Erspartes im kapitalistischen Finanzsektor untergebracht haben – ja unterbringen *mussten*, weil es dazu so gut wie keine Alternativen mehr gibt. Diese »kleinen Leute« sollten m.E. vor den notwendigen Entwertungen des weltweiten Geldvermögens soweit wie möglich verschont bleiben, weshalb sich auch der klassische Weg der Entwertung des Geldvermögens durch Inflation aus sozialen Gründen verbietet. Daher muss den Pensionsfonds, den privaten Rentenversicherungen – sofern sie nicht in eine solidarischere Form überführt werden können (vgl. Arbeitsgruppe Alternative Wirtschaftspolitik 2009: 175ff.) – zwingend vorgeschrieben werden, nur in sichere Anlagen (etwa Staatsanleihen erster Bonität) zu investieren; Investitionen in spekulative Fonds, Beteiligungsgesellschaften usw. sind ihnen zu verbieten. Dieses Beispiel zeigt, wie sehr wir alle oder viele – jedenfalls nicht einfach nur »die Reichen« – in der alltäglichen Arbeit wie im Leben in das neoliberale System integriert sind – und das reicht bis in unsere alltäglichen Denkweise, moralischen Wertungen usw. hinein.

Eine Zahl oder vielmehr ein Zahlenverhältnis ist zur Illustration des zuvor gesagten interessant – und es verleitet mich zu einem nicht ganz ernst gemeinten Gedankenexperiment. Im Jahre 2008 betrug das Volumen des im weltweiten Finanzsektor zirkulierenden Geldvermögens knapp 200 Billionen US-Dollar; gleichzeitig belief sich der Wert aller weltweit produzierten Güter und Dienstleistungen im Jahr auf etwa 55 Billionen Dollar. Das Verhältnis von vier zu eins ist deshalb interessant, weil der Vorstandsvorsitzende der Deutschen Bank, Josef Ackermann, seit Jahren und im Frühjahr 2009 noch einmal bekräftigt, das Ziel einer 25%-Rendite auf das Eigenkapital vorgegeben hat. Gleiches Recht für alle Vermögensbesitzer, wie es sich nach dem Kantschen kategorischen Imperativ als moralische Maxime ergeben würde, hieße, das gesamte Bruttosozialprodukt der Welt gehörte dem zufolge eigentlich den Vermögenden!

Aber im Ernst, auch wenn es sich bei der schier unvorstellbaren Summe von 200 Billionen US-Dollar um eine durch Spekulation aufgeblasene, fiktive Größe handelt (Zinn 2009), die in der Krise so oder so entwertet wird, liegt ihr eine zwar nicht genau bekannte, jedoch in jedem Fall immense reale Größe zugrunde. Ich kann hier nicht näher eingehen auf die tatsächlichen materiellen Voraussetzungen, d.h. die Methoden zur Erzeugung dieses Kapitalüberschusses, also auf die klassischen wie neuen Formen und Methoden der Mehrwertproduktion, -umverteilung usw., die sich aus der informationstechnologischen, organisatorischen Revolution zum High-Tech-Kapitalismus (Haug 2003) ergeben haben, auch nicht auf die kapitalistische Landnahme, die Ausdehnung der Produktionsweise rund um den Globus, verstärkt durch das Ende des Realsozialismus(vgl. Harvey 2005: 95ff.; ders. 2007),[3] und auch nicht auf die vielfältigen Formen der staatlichen Umverteilung von unten nach oben durch Sozialabbau, Steuerpolitik, Privatisierung öffentlicher Dienstleistungen, kurz: auf die Gesamtheit der Methoden der neoliberalen Enteignungsökonomie (Harvey 2005: 136ff.), ebenso wenig wie auf den damit verbundenen Anstieg der Arbeitslosigkeit, die Prekarisierung, die Schwächung der Gewerkschafts- und Arbeiterbewegungen usw. Das alles sei hier nur stichwortartig in Erinnerung gerufen.

Aber klar ist aus alledem, dass der vorhandene Kapitalüberschuss entwertet werden muss – Keynes hatte in diesem Sinne vom »sanften Tod des Rentiers« (Keynes 1983: 317) gesprochen. Vermutlich wird die notwendige Entwertung jedoch nicht nur das überschüssige Geldkapital betreffen. Überkapazitäten an Sachkapital werden abgebaut werden müssen oder – soweit technisch möglich – durch Konversion in ökologische sinnvolle Alternativen überführt werden. Vor allem aber muss die Produktion zusätzlicher Kapitalüberschüsse verhindert und durch eine demokratisch, d.h. von den betroffenen Produzenten – vielleicht besser noch von den Stakeholdern[4] – organisierte und kontrollierte Form der Produktion abgelöst werden, will man nicht die Voraussetzung für die nächste, möglicherweise noch verheerendere Krise schaffen – eine Perspektive die leider durchaus realistisch ist, wenn die Welt so weiterläuft, wie sich das jetzt andeutet, mit dem welt-

[3] Das Konzept der »Landnahme« geht auf Rosa Luxemburgs Versuch der »ökonomischen Erklärung des Imperialismus« zurück, wonach die Reproduktion des gesellschaftlichen Gesamtkapitals auf die imperialistische Ausdehnung in nicht-kapitalistische »Räume« angewiesen ist (vgl. Luxemburg 1975, insbes. S. 296ff.). Neuerdings wird aber auch das neoliberale Vordringen kapitalistischer Verwertungs- (Aneignungs- und Ausbeutungs-)formen in bisher nicht-kapitalistische Sphären der gesellschaftlichen Reproduktion (Privatisierung von Gesundheit, Bildung, Wissenschaft, Information etc.) als »innere Landnahme« interpretiert.

[4] Gemeint sind hier alle relevanten Gruppen, die in unmittelbaren ökonomischen und sozialen Beziehungen zu den jeweiligen Unternehmen stehen, also zunächst deren Beschäftigten und Eigentümer, darüber hinaus aber auch Lieferanten, Kunden, Kommunen, ggf. – abhängig von der Größe – auch Gewerkschaften, Verbände, Staat usw.

weiten Krisenmanagement der G8 oder der G20. Damit ist – und dies ist meine zweite These – die Überwindung der Krise keine rein ökonomische oder gar bloß finanztechnische Aufgabe, wie etwa die Schaffung neuer Regeln für den Finanzsektor, die Einrichtung von »bad banks«, die Begrenzung von Managergehältern usw. – so notwendig diese im Augenblick auch sein mögen. In ihrem Kern handelt es sich vielmehr um eine globale politisch-ökonomische Aufgabe: Es geht um die Überwindung der bisher ausschließlichen Markt- und Profitorientierung durch eine demokratische, an den langfristigen sozialen und ökologischen Bedürfnissen orientierte Steuerung der Wirtschaft.

Im Titel dieses Buches ist von der »Rückkehr des Staates« – mit einem Fragezeichen – die Rede. Andere vor mir haben auf die vieldeutige Problematik dieser Fragestellung hingewiesen (vgl. vor allem Altvater in diesem Band S. 7ff.,). Der so genannte Neoliberalismus – Hans- Jürgen Bieling hat mit guten Gründen darauf hingewiesen, dass man besser von »Wirtschaftsliberalismus« reden sollte (siehe S. 37ff. in diesem Band) – hat zwar den »schlanken«, gleichwohl aber »starken« Staat propagiert. Das war allerdings durchaus konsequent in dessen Sinne. »Schlank« sollte der Sozialstaat werden, »stark« der so genannte Sicherheitsstaat, und zwar nach innen wie nach außen. All das haben wir in den letzten drei Jahrzehnten weltweit und auch hier in Deutschland erleben müssen – übrigens ohne dass die von den Wirtschaftsliberalen wortgewaltig propagierte Reduzierung der Staatsschulden auch nur ansatzweise realisiert wurde, im Gegenteil.

Ich erinnere noch einmal an die neoliberale oder wirtschaftsliberale Losung seit den 1980er Jahren: Deregulierung, Privatisierung, Flexibilisierung. Stets war eine Entstaatlichung der Wirtschaft, begleitet von einer gezielten Entsolidarisierung im gesellschaftlichen Bereich (vorrangig zu Lasten der Arbeitnehmer und ihrer Gewerkschaften) gefordert worden, zugunsten von propagandistisch durchaus wirksamen Formeln wie Individualisierung, Eigenverantwortung, Entbürokratisierung und ähnlichen. Dass solche Formeln tatsächlich wirksam werden konnten, hat seine Ursachen nicht nur in der neoliberalen Propaganda, der Medienmacht und dem organisierten Einfluss der Think-Tanks, sondern durchaus auch in tatsächlichen Missständen, Verkrustungen, Entfremdungsphänomenen, kurz in dem bürokratisierten Korporatismus[5] der vorangegangenen fordistisch-keynesianischen oder sozialstaatlichen Epoche, die die subjektive wie objektive Voraussetzung für die neoliberale Hegemonie seit den 1980er Jahren bildeten.

[5] Zum historischen Wandel des Korporatismusbegriffs vgl. Czada 1994.

Richtig bleibt jedenfalls: der Neo- oder Wirtschaftsliberalismus war und ist ein internationales politisches Projekt der ökonomisch Herrschenden. Anfangs war dies noch an publizistischen Labels wie Thatcherismus oder Reagonomics unmittelbar erkennbar, später hieß das Projekt in seiner sozialdemokratischen Variante New Labour oder Agenda 2010. In diesem umfassenden Sinne war also die Politik oder der Staat niemals auch nur ansatzweise verschwunden oder zurückgezogen. Wenn nun aber m.E. doch mit einigem Recht von einer »Rückkehr des Staates« gesprochen werden kann, dann meint dies die qualitativ wie vor allem quantitativ dramatische – vielleicht nur kurzzeitige, ich vermute aber eher langfristige – Veränderung der unmittelbar ökonomischen Intervention des Staates in den gesamten Reproduktionsprozesse, d.h. einschließlich des Finanz- und des realwirtschaftlichen Sektors.

Es existiert ein Zusammenhang zwischen dem grandiosen Schwindel des Finanzsystems mit seinen angeblichen »Produkten«, »Innovationen« usw. Nehmen wir nur den Begriff »Zertifikate«, dem Wortsinn nach bedeutet dies: »Sichermachen«, so werden also die risikoreichsten, unsichersten Wertpapiere euphemistisch, ich würde sagen: »betrügerisch« benannt. Einem Bericht des»Hamburger Abendblattes« (8.7.2009, S. 19) zufolge hatten deutsche Anleger Ende 2007 fast 140 Milliarden Euro in Form von Zertifikaten investiert. Nach der Pleite von Lehman Brothers sind Zertifikate in Verruf gekommen, also ändert man ihre Namen. »Aktienanleihen« heißen die gleichen so genannte Produkte heute und finden wieder »reißenden Absatz« wie es am 7.7.2009 in der »FAZ« hieß. Höhnisch oder zynisch erklärt das gleiche Blatt, bei Aktienanleihen handele es sich weder um Anleihen noch um Aktien, sondern um Zertifikate, mit vollem Risiko. Die Sprache – diese schöne, verführerische, manchmal aber auch alte, lächerlich gewordene »Hure« des Geistes – oder hier besser: die Propaganda, wie die Werbung eigentlich heißen sollte, ist verschleiernd und entlarvend zugleich. Anderen, die Klartext reden, wird indessen regelmäßig Populismus vorgeworfen!

Nichts an diesen »komplexen« oder »strukturierten« Finanzprodukten ist wirklich produziert – alle wissen heute, dass Geld nicht arbeitet, oder geben wenigstens vor, es zu wissen, indem sie wohlfeil darüber witzeln. Dennoch stößt die Vorstellung von Finanzprodukten keineswegs auf größeren Widerspruch. Übrigens ist auch nichts oder kaum etwas daran wirklich »innovativ«, nicht einmal die abenteuerlichsten Formen »strukturierter Papiere«, die Verbriefungen, Derivate, die Praxis der Leerverkäufe, Kreditversicherungen usw. Wenn man John Kenneth Galbraiths Darstellung der großen Wirtschaftskrise der 1930er Jahre in den USA liest (Galbraith 2009 oder ders. 2010), wird man merken, dass alles – oder doch nahezu alles –

schon einmal da war, nur unter anderen Namen. »Innovativ« an den angeblich neuen »Finanzprodukten« ist allenfalls die Sprache, keineswegs aber die Sache selbst – und »neu« sind eben auch nicht die sozialen Folgen, wie die betrieblichen und privaten Insolvenzen sowie die Massenarbeitslosigkeit der 1930er Jahre zeigen. Ob die heutigen wirtschaftlichen, speziell die staatlichen Gegenmaßnahmen gegen die Krise wirklich andere sind, darüber ließe sich streiten oder vielmehr, weil noch fast alles im Flusse ist: das wird sich zeigen. Ein böses Omen sind allerdings – neben Kurzarbeit und ansteigender Arbeitslosigkeit – die jetzt schon angekündigten Lohnkürzungen in vielen Branchen, die die künftige Konsumnachfrage belasten werden, die künftigen staatlichen Haushaltskürzungen etc., Phänomene, die strukturell durchaus mit den 1930er Jahren vergleichbar sind (vgl. zur Geschichte der Finanzkrisen Reinhard/Rogoff 2009b).

Nicht vergleichbar ist allerdings die für die Weltwirtschaft heute bedeutsame Tatsache, dass China und einige andere so genannte Schwellenländer von der Krise alles in allem weniger betroffen sind als die kapitalistischen Zentren einerseits und die ärmeren Entwicklungsländer andererseits (vgl. zu Chinas Perspektive in der Weltwirtschaft Arrighi 2007). Ob der nur mäßig gebremste Boom Chinas aber tatsächlich zur Lokomotive eines weltweiten Konjunkturaufschwungs in absehbarer Zeit führen wird, darf freilich bezweifelt werden.

Eines scheint jedenfalls gegenüber den 1930er Jahren gleich geblieben. Ich will es mit Galbraith sagen: Der elende Zustand der Ökonomie als Wissenschaft und in ihrer Funktion als Politikberatung! »Es ist wohl unfair, die Menschen einer bestimmten Epoche für besonders borniert zu halten. ... Trotzdem: es scheint sicher, dass die Ökonomen, die sich Ende der Zwanzigerjahre und Anfang der Dreißigerjahre als Wirtschaftsberater anboten, von einer geradezu einmaligen Verderbtheit waren.« (Galbraith 2009: 222)

Leider wiederholt sich diese vermeintliche »Einmaligkeit« offenbar immer wieder. Marx hat die von Galbraith für 1929 und die Folgejahre konstatierte »Verderbtheit« der Ökonomen – Galbraith spricht von einer »Komplizenschaft« (2007, 47ff.) – schon im »Kapital« als »Sykophantentum« bezeichnet, das ihrer Verpflichtung gegenüber dem Klasseninteresse der Kapitaleigner oder heute allgemeiner der Vermögensbesitzer geschuldet ist. Daran hat sich offenbar nichts oder nur wenig geändert, vor allem, wenn man an die medialen Repräsentanten dieser Spezies denkt, etwa an den unsäglichen Hans-Werner Sinn.

Weiter mit Galbraith: »Sowohl die aktive Fiskalpolitik – Besteuerung und Staatsausgaben – als auch eine vernünftige Geldpolitik zu unterlassen war das Gleiche, wie jegliche konstruktive Wirtschaftspolitik abzulehnen. Die

Wirtschaftsexperten jener Tage besaßen genügend Einmütigkeit und Autorität, um die Führer beider Parteien zu veranlassen, alles, was Deflation und Depression hätte bekämpfen können, zu vermeiden – auf ihre Art eine bemerkenswerte Leistung, ein Triumph der Schulweisheit über die Praxis. Die Folgen waren verheerend.« (2007: 225)

Über Erfolg oder Misserfolg des Rooseveltschen *New Deal* in den USA kann man gewiss streiten. Der Mainstream der Ökonomen sieht heute den *New Deal* als gescheitert an – erst der Zweite Weltkrieg habe die Große Depression beendet. Das ist m.E. eine interessierte Halbwahrheit. Tatsächlich war das Rooseveltsche Programm mit Stärkung der Gewerkschaften, Lohnerhöhungen und Infrastrukturinvestitionen in den Jahren von 1933-36/37 durchaus erfolgreich. Die Industrieproduktion stieg an, die Arbeitslosigkeit ging zurück, die Lage der Armen verbesserte sich insgesamt. Erst als Roosevelt unter dem Druck der Rechten ab 1937 daran ging, den Haushalt zu konsolidieren, setzte die Rezession erneut ein.

Die Lehre, die daraus zu ziehen ist, lautet ganz einfach: Konjunkturprogramme dürfen nicht kurzatmig angelegt werden, sie dürfen sich nicht durch die Panikmache mit dem Vorwurf der Staatsverschuldung beirren lassen. Hier ruht eine der ganz großen Gefahren für den Ausweg aus der Krise.

Der Zweite Weltkrieg, Krieg überhaupt, war, ist und bleibt dagegen freilich ein »Konjunkturprogramm«, das keine Krise überwindet – im Gegenteil – ebenso wenig wie die Staatsverschuldung, die sich daraus ergab und ergibt. Es ist eben zweierlei, ob die Verschuldung noch zusätzlich zum millionenfachem Tod und zu materieller Zerstörung führt, wie das in Deutschland nach beiden Weltkriegen der Fall war, oder ob die Verschuldung zur Linderung von Armut und zur Verbesserung der Lage der arbeitenden Mehrheit, zum langfristigen Auf- und Umbau der Infrastruktur, zur Bereitstellung kollektiver Güter wie Bildung, Gesundheit, lebenswerte Umwelt usw. führt. Von solchen Schulden profitieren die nachfolgenden Generationen mehr als von der scheinbar preiswerten Vernachlässigung all dieser Sektoren. Zur gängigen Panikmache wegen allzu hoher Staatschulden – die hier in Deutschland, und nur hier (!), sogar zu einer ökonomisch widersinnigen, verfassungsmäßigen Begrenzung der Staatsverschuldung geführt hat – muss gesagt werden, dass wir den nachfolgenden Generationen ja nicht nur die Schulden hinterlassen, sondern auch den von dieser und den vorangegangenen Generationen produzierten Reichtum – ich meine damit übrigens nicht nur die ökonomischen Werte allein, sondern die gesamte materielle wie geistige und moralische Kultur. Zugegeben, mit all ihren problematischen Seiten. Soviel zur Generationengerechtigkeit – auch hierzu reden die so genannte Experten viel, zumeist mit wenig Verstand.

Überhaupt wäre die Rolle der Ökonomen oder der Experten in dieser Krise ein Thema, das gewiss mehrere Bände füllen könnte. Ich kann hier nicht darauf eingehen, eine Bemerkung will ich mir allerdings nicht verkneifen. Zu Beginn der Krise suchten die wissenschaftlichen und praktischen »Experten« deren Ausmaß herunterzuspielen, später sind sie dann wochen- bis monatelang eher still geblieben, bis einige, von denen man es am allerwenigsten erwartet hätte (z.B. von Josef Ackermann), offen und lautstark nach Staatsintervention riefen. Wiederum später, im Frühjahr 2009, nachdem die ersten großen Interventionen getätigt waren, meldeten sich die alten Reflexe. Die internationale Mont-Pèlerin-Gesellschaft (vgl. Walpen 2004) hatte getagt, und dabei war man offenbar zur Übereinkunft gelangt, dem Staat die Schuld an der Krise zuzuschreiben. Jetzt war es die Jahre zuvor noch gefeierte Strategie der FED, mit ihrem als Magier des Finanzkapitals bewunderten Chef Alan Greenspan, den man für die von George W. Bush und Co. geforderte Eigenheim-Politik und deren leichtfertige Finanzierung (Sub-Prime-Hypotheken) verantwortlich machte, mit der oder dem man damit zugleich den Verursacher der Krise – also einen Sündenbock – gefunden zu haben schien. Seither ist bei den Hardcore-Neoliberalen wieder viel vom Staatsversagen und wenig vom Marktversagen die Rede – man lese nur die »Frankfurter Allgemeine Zeitung«, das »Handelsblatt« oder die »Neue Zürcher Zeitung«!

Zu reden ist in diesem Zusammenhang vorrangig nicht von Zahlen – die sich ohnehin fast täglich ändern –, sondern von den Formen der staatlichen Interventionen. Ohne Anspruch auf Vollständigkeit hier nur ein Hinweis auf die wichtigsten:

- Konjunkturprogramme
- Kreditbürgschaften
- Kredite
- Beteiligungen
- Verstaatlichungen
- Regulierung – vornehmlich des Finanzsektors
- Staatsschuld, Steuerpolitik, Steueroasen usw.

Von den meisten dieser Formen war in den Beiträgen in diesem Band schon die Rede. Die Wirksamkeit der Konjunkturprogramme ist bezweifelt worden – vor allem das allzu bescheidene Ausmaß der deutschen. Tatsächlich sind jährlich 40 Milliarden Euro angesichts der Tiefe der Krise völlig unzureichend. Ich werde später noch einmal darauf zurückkommen, wenn es um mögliche demokratische Alternativen geht. Aber eins ist schon jetzt unmittelbar klar. Der Umfang der Konjunkturprogramme ist nicht allein das Problem. Die spezifische Struktur der deutschen Wirtschaft, insbesondere die

Exportorientierung der Industrie erweist sich in der Weltwirtschaftskrise als besonderes Problem. Jahrelang wurde uns – mit publizistischem Aufwand und politischem Erfolg – eingeredet, dass *wir* Exportweltmeister sind, und dass das ein Zeichen der Stärke *unserer* Wirtschaft sei. Nun erweist dasselbe Faktum sich als Signum der Schwäche. Kein Konjunkturprogramm kann unmittelbar auf den Einbruch des Exports beim Maschinenbau, beim Industrie- und Anlagebau usw. einwirken. Hier hilft den Arbeitnehmern allenfalls kurzfristig die Kombination von Kurzarbeit und Kurzarbeitergeld. Mittel- und langfristig gehen in diesem vermeintlichen Paradezweig der deutschen Industrie die Arbeitsplätze – und es handelt sich dabei vorwiegend um technisch hochqualifizierte Arbeitsplätze – verloren, zumindest sind sie hochgefährdet. Es gibt davon eine, allerdings keineswegs beruhigende Ausnahme: die Rüstungsindustrie.

Deutschland ist, von der hiesigen Öffentlichkeit weitgehend unbemerkt, im letzten Jahrzehnt zum zweitgrößten Rüstungsexporteur der Welt aufgestiegen – und sollten in der gegenwärtigen Krise die Auslandsaufträge ausfallen, was angesichts des Weltzustandes aber keineswegs sicher ist, so ließe sich dieser Ausfall durch inländische Nachfrage eher ausgleichen als bei der zivilen Industrie. Kaum hatte ich dies geschrieben, hörte ich im Rundfunk die Nachricht, dass die Bundesregierung an die Firmen Rheinmetall und Krauss-Maffei einen Auftrag zur Lieferung von Panzerwagen im Umfang von 3,1 Milliarden Euro erteilt hat, womit in beiden Firmen je etwa 1.000 Arbeitsplätze für 10 Jahre gesichert seien. Wochen später vermeldete das »Hamburger Abendblatt« (19.8.2009, S. 19): »Rüstungskonzerne sind gut im Geschäft. Militärisches ›made in Germany‹ verkauft sich auch in der Krise.« Dies ist allerdings nicht die Art von Zukunftssicherung, die man sich wünschen sollte.[6]

Übrigens: Das von Vielen, auch von Linken, vor allem wegen seines Umfangs gerühmte amerikanische Konjunkturprogramm sollte allererst einmal unter diesem Gesichtspunkt geprüft werden. Dann würde sich erweisen, ob Obamas Projekt wirklich vorrangig auf eine soziale und ökologische Umorientierung der amerikanischen Wirtschaft ausgerichtet ist. Im Jahre 2008 kaufte die amerikanische Regierung unter George W. Bush Rüstungsgüter

[6] Ob Zufall oder nicht: am Tag der Auftragserteilung an Rheinmetall etc. wurde von der Bundeskanzlerin erstmals ein neu geschaffener – oder vielmehr wiederbelebter, denn zumindest die äußere Form ist identisch mit dem Eisernen Kreuz – Tapferkeitsorden für Angehörige der Bundeswehr verliehen, die Einweihung eines Ehrenmals für gefallene Bundeswehrsoldaten folgte wenige Wochen später; so jedenfalls wird einer militarisierten Zukunft auch symbolisch Flankenschutz gewährt.

im Wert von insgesamt 607 Milliarden Dollar. Ich fürchte, das wird in diesem Krisenjahr nicht sehr viel weniger werden – wenn man an die Intensivierung des Kriegs in Afghanistan denkt – damit relativiert sich die Bedeutung eines 700 oder 800 Milliarden Konjunkturprogramms doch sehr.

Um kein Missverständnis aufkommen zu lassen: Ich schreibe hier nicht gegen Konjunktur- und Beschäftigungsprogramme, im Gegenteil, aber sie sind in ihrer Wirkung nur dann nachhaltig, wenn sie zu einer grundlegenden Umverteilung des Reichtums der Gesellschaft beitragen und die reale Struktur der Wirtschaft hin zu einer sozialen und ökologischen Wirtschaftsweise verändern. Also vor allem durch die öffentliche Finanzierung von Infrastrukturmaßnahmen, zum Ausbau der Bildung, von Gesundheit, zur Energiewende, zur Umorientierung der Verkehrspolitik usw. nicht einfach nur durch neue Staatsschulden, sondern zu einem großen Teil finanziert durch höhere Steuern auf große Einkommen und Vermögen, Erbschaftssteuern, Steuern auf Börsen- und Spekulationsgeschäfte, soweit letztere nicht ganz verboten werden sollten, wie Verbriefungen, Hebelkredite, Hedgefonds, Beteiligungsgesellschaften usw.

Über Staatsbürgschaften, Kredite und die Problematik der Staatsschulden will ich mich hier nicht näher auslassen, das ist in dem Beitrag von Heiner Flassbeck (vgl. in diesem Band S. 105ff.) ausführlich behandelt worden. Nur so viel sollte klar sein: Dort, wo der Staat mit umfangreichen finanziellen Hilfen eintritt, sollte er sich nicht nur den förmlichen Anspruch auf die Rückzahlung sichern und ansonsten die Reprivatisierung sanierter Banken oder Unternehmen anvisieren, sondern seinen Anspruch auf inhaltliche Kontrolle und Mitbestimmung über die Verwendung der Gelder sichern – durch Kapitalbeteiligungen und ggf. durch Verstaatlichungen (vgl. Arbeitsgruppe Alternative Wirtschaftspolitik 2009: 101ff.).

Verstaatlichung – das ist das sprichwörtliche rote Tuch in der öffentlichen Debatte, vor allem in Deutschland, wo noch immer die Ideologie vor der Praxis ihren Vorrang hat. Es ist erstaunlich, dass im »Mutterland« des modernen Wirtschaftsliberalismus, in den USA – aber auch in England – mit der Verstaatlichung maroder Banken oder Industrien, sofern sie eine Schlüsselfunktion haben oder »systemrelevant« sind, keinerlei oder wenig Probleme bestehen. In Deutschland ertönt dagegen sofort der Kassandra-Ruf: Sozialismus, Staatswirtschaft ist Vergeudungswirtschaft, Bürokratie, Ruin blühender Landschaften... Als Beleg hierfür gilt nicht nur der Hinweis auf die DDR-Wirtschaft im Allgemeinen, sondern auch auf die Reste von Staatseigentum in der BRD. So folgt z.B. gegen die Forderung nach einer Verstaatlichung des Bankensystems regelmäßig der Hinweis auf die angeblich staatlich gelenkten Landesbanken und ihr tatsächlich besonders dreistes Spekulantentum in der Inkubationsphase der gegenwärtigen Krise. Der Fall der Landesbanken ist in der Tat paradigmatisch für eine staatliche Politik – oder soll man sagen Anti-Politik? – im kapitalistischen Finanzsystem, die sich den Imperativen des Neo- oder Wirtschaftsliberalismus vollständig unterworfen hat, und sich nun ausgerechnet von dieser liberalen Spezies den Vorwurf des Staatsversagens gefallen lassen muss. Es ist richtig, die Landesbanken haben in bis dato unvorstellbaren Maße gezockt, aber nicht weil sie Staatsbanken waren, sondern weil sie sich gerade umgekehrt von ihrer eigentlichen Aufgabe als staatliche Institutionen, am Gemeinwohl zu orientieren, abgewandt und der vermeintlich grenzenlosen Plusmacherei auf den internationalen Finanzmärkten zugewandt haben. Alles jedoch mit der insgeheimen oder offenen Zustimmung, wenn nicht mit der Aufforderung durch die sich als Eliten begreifenden Politiker, die jene Spekulationsgewinne zum Stopfen ihrer Haushaltslöcher zu verwenden hofften. Nun aber reißt gerade diese finanzkapitalistische Spekulations-Orientierung neue Haushaltslöcher bisher unbekannten Ausmaßes.

Nicht die Verstaatlichung an sich ist der Mangel, sondern die Politik, die Orientierung der politischen Entscheidung einer staatlichen Institution; ihre Orientierung an den Interessen einzelner Gesellschaftsgruppen oder -klassen, an denen von vermögenden Minderheiten einerseits oder von arbeitenden Mehrheiten andererseits. Das alles ist daher nicht abzulösen von den Fragen der Macht und der Demokratie, von den Fragen, wer herrscht über wen und mit welchen Mitteln? Wenn ich also im Folgenden zunächst durchaus für eine Verstaatlichung oder besser Vergesellschaftung – wenn nicht des gesamten Bankensektors, so wenigstens jener der systemrelevanten Großbanken, insbesondere der Investmentbanken – eintrete, so allein unter der Voraussetzung einer weitgehenden und substantiellen Vertiefung und Erweiterung der Demokratie in den Bereich der Wirtschaft, und zwar sowohl im Finanzsektor als auch über den Weg der kreditfinanzierten und gelenkten Investitionspolitik im Bereich der großen Industrie.

Die rechtliche oder, wenn man so will, moralische Basis dieses Anspruchs ist der Umstand, dass der Staat, hier verstanden als Steuerstaat, in den USA wie in Deutschland und anderen Ländern in der Krise bisher für unmöglich gehaltene Geldsummen mobilisiert hat, um vor allem den Bankensektor zu stabilisieren. Wer zahlt, bestimmt die Musik, das entspricht den geltenden Regeln der bestehenden Eigentümergesellschaft. Ausgerechnet diese Regeln sollen nun aber für den Staat nicht mehr gelten. Er soll absichern, ggf. finanzieren, sich aber ansonsten aus dem laufenden Geschäft heraus halten.

Betrachtet man die bestehenden Staaten in den kapitalistischen Zentren, ihre machtmäßigen und ideologischen Grundlagen wie ihr personelles Potenzial, so möchte man diesem Vorbehalt nicht einmal unbedingt widersprechen. Denn diese neoliberalen Nachtwächter-Staaten und ihre Funktionäre, die ihre höchste Aufgabe in der Sicherung der Eigentumsrechte (Property Rights) der Vermögenden sehen, können und werden die angedeutete Aufgabe der Entwertung des Kapitalüberschusses und die Umverteilung des Reichtums und damit die Überwindung des eigentlichen Grundes der Krise nicht leisten. Deshalb wäre es angemessener, statt ohne nähere Charakterisierung die Verstaatlichung, etwa der »systemrelevanten« Großbanken bzw. des gesamten Banken- bzw. Finanzsektors, von industriellen Schlüsselsektoren usw. zu fordern, besser von Vergesellschaftung oder wenigstens von demokratischer Kontrolle zu sprechen.

Was ist darunter – im Unterschied zur bloßen Verstaatlichung – zu verstehen? Zunächst einmal ist damit nicht nur ein Eigentümerwechsel gemeint, schließlich kann man sich ja auch einen Staatskapitalismus vorstellen, wovon die Landesbanken in den letzten Jahren ein abschreckendes Beispiel gaben. Allerdings setzt auch der Begriff der Vergesellschaftung der Produktion eine Veränderung der Eigentumsverhältnisse in den jeweils betroffenen Sektoren voraus, wobei zahlreiche Formen öffentlichen Eigentums denkbar sind. Das reicht von Beteiligung des Staates bzw. seiner verschiedenen Untergliederungen (Länder, Kommunen etc.), aber auch von Belegschaften, Verbänden (Gewerkschaften), Non-Profit-Organisationen der Zivilgesellschaft, bis zu genossenschaftlichen Eigentumsformen. Entscheidend für den Begriff der Vergesellschaftung oder der demokratische Kontrolle ist aber eine grundsätzliche Umorientierung des oder der Unternehmensziele und die Einrichtung entsprechender Leistungsanreize. Anstelle von Profitmaximierung oder der Shareholder value-Vermehrung müsste die Befriedigung individueller und sozialer Bedürfnisse der jeweils Beschäftigten, wie der Kunden, Lieferanten usw. (Stakeholder), kurz und zutreffender: der Gesellschaft treten. Dazu zählen neben angemessener Entlohnung, Arbeitsplatzsicherheit, guten Arbeitsbedingungen, betriebliche Aus- und Weiterbildung, Gesundheit der Beschäftigten und der Anwohner (bei Großindustrieanlagen), ökologisch vertretbare Produktionsverfahren und Produkte, verringerte Umweltbelastung, Verkehrsvermeidung u.ä. Solche Unternehmensziele wären von demokratischen Institutionen vor Ort – in den Betrieben oder in den Kommunen – vorzugeben und in die betriebsinternen Kommunikations-, Organisations- und Leitungsstrukturen zu übertragen. Die Bezüge des »Managements« sollten sich vorrangig an der Erreichung dieser Ziele orientieren.

Ich verzichte hier aus einem systematischen Grund darauf, auf mögliche Formen und Institution von Wirtschaftsdemokratie (vgl. Naphtali 1966; Demirović 2007; Krätke 2008) näher einzugehen. Schon der Begriff »Wirtschaftsdemokratie« verweist auf eine spezifisch deutsche Tradition. Prinzipiell gesehen müssen nämlich solche Formen an die spezifischen Institutionen und Traditionen der Arbeiter- ggf. auch der Bauernbewegungen, kurz an die historisch gewachsene Kultur der sozialen Oppositionsbewegungen im Rahmen der verschiedenen Modelle des Kapitalismus (Albert 1992), an die besonderen Beziehungen von Kapital und Arbeit in den einzelnen Ländern oder – wenn man an die Schwellen- und Entwicklungsländer denkt – gar an den spezifischen Entwicklungsgrad des Kapitalismus in den unterschiedlichen Weltregionen anknüpfen. Sie können also nicht allgemein abgeleitet oder theoretisch konstruiert und den jeweiligen Sozialbewegungen oktroyiert werden. Daher erklärt sich ja auch weitgehend die Pluralität der eingangs genannten Alternativmodelle.

Allerdings könnten viele der zuvor allgemein beschriebenen Demokratisierungsmaßnahmen in den verschiedenen nationalen Zusammenhängen, anknüpfend an die dortigen jeweiligen Verhältnisse realisiert werden. Um im Rahmen einer globalisierten Wirtschaft langfristig und nachhaltig wirksam zu werden, bedürfen aber auch diese nationalen Reformen der internationalen Koordination. Hier bietet sich für uns zunächst die EU-Ebene an. Auch wenn sich die Unternehmenskulturen, die Beziehungen von Kapital und Arbeit in den Mitgliedsstaaten – trotz jahrzehntelanger Konvergenz in Europa – noch immer unterscheiden, so lassen sich die verschiedenen europäischen Kapitalismusmodelle durch die angedeuteten Demokratisierungsmaßnahmen doch derart annähern, dass sie miteinander kompatibel sind oder werden und sich weder konkurrenzverschärfend noch wettbewerbsverzerrend auswirken. Zwischen dem so genannten Rheinischen Kapitalismus und dem skandinavischen oder nordischen Modell erscheint das eher möglich als etwa gegenüber dem angelsächsischen Modell. Was Letzteres anbelangt, und das betrifft ja keineswegs den unbeträchtlichsten Teil der gegenwärtigen Weltwirtschaft, muss man in Bezug auf die mögliche Demokratisierung freilich sehr skeptisch bleiben – vor allem weil es in der dortigen Arbeiter- und Sozialbewegung, spätestens seit der Zerschlagung der britischen Gewerkschaftsbewegung Anfang der 1980er Jahre, kaum noch entsprechende alternative Vorstellungen gibt. Und wie sich dies in den bisherigen »Schwellenländern« China, Indien usw. und damit den wahrscheinlichen Schwergewichten der zukünftigen Weltwirtschaft verhält, ist derzeit überhaupt nicht zu sagen.

Bisher war vorwiegend von der nationalen, allenfalls europaweiten Dimension der Krise und ihren langfristigen Lösungsmöglichkeiten die Rede. Tatsächlich aber ist diese Krise ein globales Phänomen. Da das auf der Hand liegt, soll hier lediglich noch auf die außerordentliche Schwierigkeit einer

Demokratisierung der Weltökonomie hingewiesen werden. Der Papst hat Recht – wir brauchten eine Weltregierung oder eine Weltwirtschaftsregierung, aber eine demokratische, davon ist in der neuen Enzyklika weniger die Rede. Von einer demokratischen Weltregierung ist allerdings auch die weltpolitische Realität von heute meilenweit entfernt. Schon der bescheidene Versuch, die UN – und damit immerhin der Vertretung von 192 Staaten, darunter natürlich auch die armen und ärmsten – in die Diskussion um eine Überwindung der Weltwirtschaftskrise einzubeziehen, droht zu scheitern oder ist bereits an der Weigerung der G8 oder auch der G20 gescheitert, etwa den Bericht der Stiglitz-Kommission,[7] der sich kritisch mit den dominierenden Finanzinstitutionen und -regeln u.ä. auseinandersetzt, in ihre Diskussionen auch nur aufzunehmen – offenbar weil man den Einfluss der Armen fürchtet (vgl. Stiglitz 2009).

Sicher, die Macht der G8 ist seit dem offenen Ausbruch der Krise im September 2008 tendenziell gebrochen, die G20 sind nunmehr auf längere Sicht zweifellos die einflussreichste Institution der Weltwirtschaftsordnung, und obwohl dies rein formal gesehen eine Erweiterung der demokratischen Entscheidungsbasis zu sein scheint (65% der Weltbevölkerung mit 88% der Weltproduktion) bleibt auch diese Staatengruppe vor allem dem Drittel der besonders Armen gegenüber doch nichts anderes als eine ochlokratische Herrschaftsclique. Vor allem wenn man den Umstand berücksichtigt, dass auch in China, Indien, Brasilien, Russland, Indonesien usw. die Zahl der tatsächlich dort existenziell, d.h. physisch Armen immer noch riesig ist, wenngleich sie nicht mehr von unmittelbarer Hungersnot bedroht erscheinen. Also auch in den so genannten Schwellenländern herrscht in aller Regel eine wohlhabende bis reiche Minderheit über eine arme Mehrheit.

Das alles zeigte sich schon auf der Londoner Konferenz der G20 im April 2009, wo die bisherige marktradikale Doktrin des so genannten Washington Consensus (1992)[8] durch die gemeinsame Ankündigung staatlicher Kontrollen und Regulierungen des Finanzsektors abgelöst werden sollte. Nichts – oder kaum etwas – von diesem angeblich neuen Londoner Consensus ist bisher verwirklicht worden. Alle Informationen – gerade aus der City von London – sprechen seither dafür, dass die Banker mit Unterstützung der britischen Regierung weiter machen wie eh und je: The same procedure as

---

[7] Vgl.: http://www.un.org/ga/president/63/commission/financial_commission.shtml [Zugriff: 23.5.2010]

[8] Vgl. die Präsentation der Weltbank zur Strategie des Washington-Konsensus: http://info.worldbank.org/etools/bspan/PresentationView.asp?PID=1003&EID=328 [Zugriff: 23.5.2010]. Kritisch: Stiglitz 2002 und 2006.

every year! Damit verhindern sie auf unabsehbare Zeit die Überwindung der Krise, wenn sie damit nicht gar die nächste Krise schon wieder vorbereiten. (Roth 2009: 116ff.)

Dabei treibt selbst nach der vorsichtigen Einschätzung der Weltbank die Krise in den kommenden Jahren mindestens weitere 100 Millionen Menschen in allen Teilen der Welt, vorrangig in den ohnehin schon armen Ländern, zusätzlich in die Armut; die Kindersterblichkeit wird weiter ansteigen usw. – all dies gehört zu den skandalösesten Folgen der Krise, von denen aber in den großen Medien des Westens am allerwenigsten die Rede ist. Auch wenn der G8-Gipfel 2009 in Italien wieder einmal vollmundige Versprechen machte,werden denen so sicher wie das Amen am Ende der Enzyklika keine entsprechenden Taten folgen.

Wenn die These richtig ist, dass die letzte Ursache der gegenwärtigen strukturellen und nicht bloß konjunkturellen Weltwirtschaftskrise in einem übermäßigen Reichtum der Wenigen besteht, so ist die Beseitigung oder wenigstens substantielle Verringerung der Armut die ebenso grundlegende Bedingung ihrer Überwindung. Auch und gerade im globalen Maßstab gilt aus ökonomischer Vernunft und moralischer Verantwortung gleichermaßen: Nur eine Umverteilung des Reichtums von oben nach unten – man könnte auch sagen: vom Norden nach Süden –, bei der es sich ja in Wirklichkeit weitgehend um die Rückgabe eines über Jahrzehnte, wenn nicht Jahrhunderte hinaus (man denke an die lange Geschichte des Kolonialismus und Imperialismus) durch Gewalt oder den »stummen Zwang« der ökonomischen Verhältnisse illegitim angeeigneten Reichtums handelt.

Es muss endlich Schluss gemacht werden mit den marktradikalen Regeln der WTO, den erpresserischen Auflagen für Entwicklungsländer bei der Gewährung von Unterstützung (Krediten, technische Hilfen usw.) durch IWF und Weltbank. Schuldenerlasse, Verbot der Spekulation mit Nahrungsmitteln bzw. Agrarprodukten und lebenswichtigen Rohstoffen usw., Verringerung bis zur Abschaffung der Agrarsubventionen für Exporte in »Entwicklungsländer« sind nur einige der elementarsten und notwendigsten Maßnahmen. Sie müssen ergänzt werden durch positive Hilfen – nicht nur für den ökonomischen Aufbau in Landwirtschaft und Gewerbe, sondern auch für die soziale, politische und kulturelle Entwicklung, und nicht zuletzt für den erforderlichen ökologischen An- und Umbau der Agrar- und Rohstoffproduktion in den armen Ländern – man denke etwa an den Schutz und die nachhaltige Bewirtschaftung der Regenwälder, an die gerechtere Verteilung von Wasser, Energie, Rohstoffen, aber auch an die Förderung und Bereitstellung von Wissen und Informationen, von technischen Fertigkeiten und von Bildung, um mit alledem auch vernünftig umgehen zu können. All dies kann und wird voraussichtlich von den G8 oder auch G20 nicht geleistet, nicht einmal eingeleitet werden. Hierzu muss vielmehr in aller Welt demokratischer Druck von unten aufgebaut werden (vgl. Arrighi 2009: 48ff.). Entscheidend ist schließlich, dass diese Ziele nur gemeinsam von und mit den Betroffenen selbst, unter Berücksichtigung der nationalen, regionalen und lokalen Besonderheiten erreicht werden können. Demokratische Beteiligung, Effizienz und nachhaltige Effektivität bedingen sich wechselseitig.

Gewiss – all diese hehren Zielvorstellungen kollidieren mit der scheinbar unerschütterlichen Realität des gegenwärtigen Weltzustandes. Dagegen möchte ich zum Abschluss die berühmt-berüchtigten Worte eines bekannten Hamburger Politikers zitieren – oder vielmehr variieren – *Wer in der gegenwärtigen Weltlage keine Visionen hat, muss zum Arzt oder besser: gehört abgewählt, am besten: beides!*

Literatur

Aglietta, Michel (2000): Ein neues Akkumulationsregime, Hamburg.

Albert, Michel (1992): Kapitalismus contra Kapitalismus, Frankfurt/M.

Altvater, Elmar (2007): Das Ende des Kapitalismus, wie wir ihn kennen, Münster.

Arbeitsgruppe Alternative Wirtschaftspolitik (2009): Memorandum 2009: Von der Krise in den Absturz? Stabilisierung, Umbau, Demokratisierung, Köln.

Arrighi, Giovanni (2007): Adam Smith in Beijing, Hamburg.

Arrighi, Giovanni (2009): Die verschlungenen Pfade des Kapitals, Hamburg.

Bergstreser, Michael/Möllenberg, Franz-Josef/Pohl, Gerd (Hrsg.), Globale Hungerkrise, Hamburg 2009.

Bischoff, Joachim (2009a): Jahrhundertkrise des Kapitalismus, Hamburg.

Bischoff, Joachim (2009b): Anzeichen einer Normalisierung der Ökonomie, in: Sozialismus, 36. Jg., H. 6, S. 8-12.

Czada, Roland (1994): Konjunkturen des Korporatismus, in: Streeck, Wolfgang (Hrsg.): Staat und Verbände. PVS-Sonderheft 25. Opladen, S. 37-64.

Demirović, Alex (2007): Demokratie in der Wirtschaft, Münster.

Galbraith, John Kenneth (2007): Die Ökonomie des unschuldigen Betrugs, München.

Galbraith, John Kenneth (2009, orig.1954): Der Große Crash 1929. Ursachen, Verlauf, Folgen, München.

Harvey, David (2005): Der neue Imperialismus, Hamburg.

Harvey, David (2007): Räume der Neoliberalisierung, Hamburg.

Haug, Wolfgang Fritz (2003): High-Tech-Kapitalismus, Hamburg.

Hobsbawm, Erik J. (2009): Es wird Blut fließen, viel Blut«, Interview in: stern, Nr. 20, S. 138ff.

Keynes, John Maynard (1983[6], orig. 1936): Allgemeine Theorie der Beschäftigung, des Zinses und des Geldes, Berlin.

Krätke, Michael (2008): Eine andere Demokratie für eine andere Wirtschaft, in: Widerspruch, 28. Jg., H. 55., S. 5-16.

Krüger, Stefan (2007): Konjunkturzyklus und Überakkumulation, Hamburg.

Luxemburg, Rosa (1975, orig. 1913): Die Akkumulation des Kapitals, in: dies., Gesammelte Werke, Bd. 5, Berlin (DDR).

Naphtali, Fritz (1966, orig. 1928): Wirtschaftsdemokratie, Frankfurt/M.

Reinhart, Carmen M./Rogoff, Kenneth S. (2009a): The Aftermath of Financial Crisis, in: American Economic Review, May 2009; http://www.economics.harvard.edu/faculty/rogoff/Recent_Papers_Rogoff

Reinhart, Carmen M./Rogoff, Kenneth S. (2009b), This time is different. Eight Centuries of Financial Folly, Princeton and Oxford.

Roth, Karl Heinz (2009): Die globale Krise, Bd. 1, Hamburg.

Stiglitz, Joseph (2002): Die Schatten der Globalisierung, Bonn.

Stiglitz, Joseph (2006): Die Chancen der Globalisierung, München.

Stiglitz, Joseph (2009): Worauf es ankommt. Ein Jahr nach dem Banken-Crash,

in: Blätter für dt. und int. Politik, 54. Jg., Heft 9, S. 43-57.
Walpen, Bernhard (2004): Die offenen Feinde und ihre Gesellschaft. Eine hegemonietheoretische Studie zur Mont Pèlerin Society, Hamburg.
Welthungerbericht der UNO (FAO) 2009. http://www.fao.org/wsfs/forum2050/wsfs-forum/en/
Zinn, Karl Georg (2009), Kredite, Spekulanten und Blasen, in: Sozialismus, 36. Jg., Heft 10, S. 27-32.

Autorinnen und Autoren

Elmar Altvater, Dr., Professor i.R. für Politikwissenschaften an der Freien Universität Berlin und Mitglied des wissenschaftlichen Beirats von Attac. Letzte Buchveröffentlichung: Der große Krach oder die Jahrhundertkrise von Finanzen und Natur, Münster 2010

Hans-Jürgen Bieling, Dr., Vertretungsprofessor an der Universität Hamburg, Fakultät Wirtschafts- und Sozialwissenschaften, Fachbereich Sozialökonomie, Fachgebiet Soziologie. Letzte Buchveröffentlichung: Die Globalisierungs- und Weltordnungspolitik der Europäischen Union, Wiesbaden 2010.

Alex Demirović, Dr., lehrt z.Zt. Politische Theorie an der Technischen Universität Berlin. Er ist Mitglied der Redaktion der Zeitschriften »Prokla« und »LUXEMBURG«, des Beirates des BdWi und des Wissenschaftlichen Beirats von Attac. Letzte Buchveröffentlichung: Unsere Lieblingskrisen. Ursachen, Zusammenhänge und Strategien von Krisen im Kapitalismus, Hamburg 2010 (als Mitherausgeber).

Heiner Flassbeck, Dr., Honorarprofessor an der Hamburger Universität und Chef-Volkswirt der UNCTAD in Genf. Letzte Buchveröffentlichung: Gescheitert. Warum die Politik vor der Wirtschaft kapituliert, Frankfurt a. M. 2009.

Werner Goldschmidt, Dr., Professor i.R. für Soziologie am FB Sozialökonomie der Wirtschafts- und Sozialwissenschaftlichen Fakultät der Universität Hamburg. Letzte Buchveröffentlichung: Freiheit, Gleichheit, Solidarität. Beiträge zur Dialektik der Demokratie, Frankfurt a.M. u.a. 2009 (als Mitherausgeber).

Mehrdad Payandeh, Dr., Referatsleiter für europäische und internationale Wirtschaftspolitik sowie Wachstumsfragen beim DGB-Bundesvorstand. Letzte Buchveröffentlichung: Weltwirschaft. Eigentum, Rechtsstaatlichkeit, Prosperität versus Besitz, Willkürmacht, Unterentwicklung, Berlin 2004.

Stefanie Wöhl, Dr., wissenschaftliche Assistentin am Institut für Politikwissenschaft an der Universität Wien und im Vorstand der Assoziation für kritische Gesellschaftsforschung (AkG). Letzte Buchveröffentlichung: Staat und Geschlecht. Grundlagen und aktuelle Herausforderungen feministischer Staatstheorie, Baden-Baden 2009 (als Mitherausgeberin).

VSA: Zukunft des Staates

Nicos Poulantzas
Staatstheorie
Politischer Überbau, Ideologie,
Autoritärer Etatismus
Mit einer Einleitung von Alex Demirović,
Joachim Hirsch und Bob Jessop
296 Seiten; € 18.00
ISBN 978-3-87975-857-9
Die Neuausgabe von Nicos Poulantzas' wichtigem Werk macht einen wegweisenden Text für die heutige Debatte über den Staat wieder zugänglich.

Hans-Jürgen Urban/Christoph Ehlscheid/
Axel Gerntke (Hrsg.)
Der Neue Generationenvertrag
Sozialstaatliche Erneuerung in der Krise
264 Seiten; € 16.80
ISBN 978-3-89965-369-4
Zur Frage, wie ein solidarischer Ausweg aus der Krise und eine sozialstaatliche Reformperspektive aussehen könnten, gibt dieses Buch Antworten. Im Zentrum steht das Feld der Rentenpolitik.

Steffen Lehndorff (Hrsg.)
Abriss, Umbau, Renovierung?
Studien zum Wandel des deutschen Kapitalismusmodells
244 Seiten; € 19.80
ISBN 978-3-89965-325-0

VSA

Prospekte anfordern!

VSA-Verlag
St. Georgs Kirchhof 6
20099 Hamburg
Tel. 040/28 09 52 77-10
Fax 040/28 09 52 77-50
Mail: info@vsa-verlag.de

www.vsa-verlag.de

Elmar Altvater/Hans-Jürgen Bieling/Alex Demirović/Heiner Flassbeck/
Werner Goldschmidt/Mehrdad Payandeh/Stefanie Wöhl
Die Rückkehr des Staates?